U0048043

business

idea

growth

BIG（Business, Idea & Growth）系列希望與讀者共享的是：

●商業社會的動感●工作與生活的創意與突破●成長與成熟的借鏡

投資大師羅傑斯

人生、投資養成的第一堂課

[探索成功．永不足夠]

JIM ROGERS

吉姆．羅傑斯／著　劉道捷／譯

羅傑斯語錄

【投資人生】

- 身為投資人，研究哲學與歷史對我是不可或缺的工作。（頁：四四）
- 我開車環遊世界，每次穿越遙遠的邊界時，最先做的事情就是尋找黑市。（頁：四七）
- 市場維持不理性的期間，可能比你財力所能支持的時間還長。（頁：七四）
- 若要成為成功的投資人，唯一的方法是只投資自己非常了解的東西。（頁：七六）
- 不要把波動和行動混為一談，要知道什麼時候應該坐下來等待。（頁：七八）
- 如果你希望賺很多錢，就要抗拒分散投資的觀念。（頁：八〇）
- 要發大財的方法就是找到好標的，好好鎖定，集中財力投資下去。（頁：八〇）
- 我極為渴望找到投資北韓和緬甸的方法。展望未來，這兩個國家的重大變化是我所看到最令人興奮的事情。（頁：二六二）
- 觀光旅遊會變成我們這個時代最重要的成長產業之一。（頁：二六三）
- 我希望留給女兒作夢的勇氣，留給她們追求心中熱情的勇氣，即使碰上失敗也勇於嘗試。（頁：二八二）

【探索成功】

- 我們都認識不成功的聰明人，很有才氣卻不成功，其關鍵在於是否持之以恆。（頁：二〇）
- 堅持和堅忍不拔是繼續生存絕對必要的條件，但是趨勢判斷一樣重要。（頁：五三）
- 可能有一百個人走進會議室，同時聽到相同的資訊，但是只有三、四人走出去後會做出正確的判斷。（頁：五四）
- 我有興趣的是翻轉大石頭，追求線索，發現世事有什麼進展，預測大勢會怎麼發展。（頁：五八）
- 如果你希望自己變得幸運，就要好好做功課。（頁：六三）
- 為人做事一開始要睜大眼睛、用心傾聽。（頁：八四）
- 一九六四年我會愛上華爾街，原因是我懷抱熱情，渴望知道世界到底發生了什麼大事。（頁：二七六）

我要將本書
贈予寶貝女兒小蜜蜂
盼望你一生比我更樂於冒險
比我更有智慧。

我遇見古國來客
訴說半殘、巨大石雕雙腿聳立沙漠
殘缺頭像半埋附近
眉頭深鎖，嘴脣緊抿
形容冷峻嘲諷，神采嚴酷逼人。
具見雕工觀察深入內心
以嘲笑手法，以心靈感應
在死物上留住熱情。
雕像基座宣稱：
「吾乃奧茲曼迪亞斯，萬王之王
見吾蓋世功業，君縱勇武無雙，亦當絕望！」
如今一切銷亡，巨大殘骸荒涼
四周無邊無際，荒蕪淒冷
唯餘平沙莽莽，綿延無限遠方。

——〈奧茲曼迪亞斯〉（Ozymandias），英國詩人雪萊

投資大師**羅傑斯**
人生、投資養成的第一堂課

contents

01 青年投資人的畫像

凡事沒有「夠了」這回事，不管任務是什麼，
你就是要不斷用功、不斷努力，或不斷的研究。

事無永恆，變化永存

我家鄉戴摩波里斯（Demopolis）位居阿拉巴馬州坎布雷克（Canebrake）地區中心，正好是黑戰士河與湯比比河匯流處。

戴摩波里斯是馬倫哥郡（Marengo County）最大的城市，坐落在喬治亞、阿拉巴馬和密西西比三州歷史上號稱黑土地帶的中心。會叫做黑土地帶，是因為大地上鋪滿厚厚一層肥沃草原黑土，近兩百年前，這些黑土滋養了龐大的棉花田作物，解放黑奴之後，有些棉花田還繼續生存，但是沒有一座棉花田能夠熬過棉籽象鼻蟲的摧殘。

我還是小男孩時，每次要跟朋友出門釣魚，就是在這塊土地上挖掘魚餌。美洲鯰魚無所不吃，不只吃蚯蚓，牠會咬住任何聞到的東西，而且不論什麼東西的味道幾乎都聞得到。在炎熱的夏天，挖蚯蚓比抓蟋蟀還容易，那一年我八歲，和大我約十個月的堂哥韋德在我家後院挖蚯蚓，當時他說了一句我當時聽不懂、但直到今天還記得清清楚楚的話。

他說：「如果我們繼續挖下去，最後會挖到中國。」

當時我已經是個熱愛研究的人，不會不知道地球是圓的，但是我查看地球儀後才了解，和阿拉巴馬州方向相反的地球另一邊，橫亙著中華人民共和國龐大的陸塊，如果我們有足夠的精力繼續挖掘，一定會滿身汙泥、全身濕透的鑽出中國地面。

幾十年過去了，今天我終於定居在中國的大門口，兩位金髮碧眼小美女女兒的普通話，說得比英語還流利。我怎麼變成新加坡的永久居民，是跟挖掘有關的另一個故事，這樣的挖掘可能沒有這麼辛苦，卻同樣費力；是我無盡無止、親身深入體驗世界運作、發掘真實故事，完全靠自己探索的結果。

我花五年時間環遊世界兩次，一次是騎機車，另一次是駕駛汽車，讓我了解一百多個國家的變化。對我來說，不是坐在安樂椅上了解歷史和歷史的影響，而是要親自探險。這樣做帶給我個人與物質極大的報酬，而且無可避免的引導我來到新加坡：一個遠離窮鄉僻壤阿拉巴馬州、馬來半島南端華人前哨站的國度。

如果歷史能夠確定什麼事情的話，一定是希臘人所說「事無永恆、變化永存」，最早說這句話的人是西元前六世紀哲學家赫拉克利特斯（Heraclitus），他警告我們，一個人不可能踏進同樣的河水兩次。預測變化的能力是評估人生成就的標準，我搬到新加坡，是為了因應世界處於歷史性變化、世界大勢急劇改變、美國的世界領導地位沒落、亞洲相應崛起的認知。

JIM ROGERS 羅傑斯語錄

如果歷史能夠確定什麼事情的話，
一定是希臘人所說「事無永恆、變化永存」。

我在全球金融危機期間寫這本書，世界各國大部分政客都希望你相信這場危機為時短暫，告訴你情勢一定會轉變。我不會質疑這一點，只是要告訴你，在你有生之年，情勢不太可能永遠轉變。很多國家積欠的驚人債務會導致人類生活與工作方式的重大改變，很多舊的制度、傳統、政黨、政府、文化，甚至國家都會沒落、崩潰或是完全消失，就像政經重大動盪時代總是會發生的情形一樣。

例如投資銀行貝爾斯登（Bear Stearns），在二〇〇八年崩潰時已經經營幾十年了，同年倒閉的金融服務業者雷曼兄弟（Lehman Brothers），營業已經超過一個半世紀。這些歷史悠久的全球企業不支倒地，證明美國很多制度正面臨情勢變化，哈佛、普林斯頓，和史丹佛等大學或許並不自知，卻可能正走向破產之途。博物館、醫院和我們知道與深愛的其他機構正走向困境，我們會在未來的金融或經濟巨變中，看到很多這種機構消失。

有些人說我危言聳聽，說我是現代專門預測凶事的烏鴉嘴卡珊德拉（Cassandra）。但是我在未來的情勢中，看不到半點值得驚慌、甚至值得驚異的地方。改變的大風已經吹起，從中國的方向吹來，而且是以可預測的方式吹來。我們所看到的情形一切如常，歷史正在翻轉熟悉的一頁。

在整個人類史上，這種轉型時刻都會為有心人提供大好良機，因此我對未來的很多事情極為樂觀。如果你在十九世紀開始之時夠精明，會前往倫敦；如果你在二十世紀開始之時很精明，會打包搬到紐約；如果你在二十一世紀開始之時很精明，會前進亞洲。一百年後，變化的循環可能轉到任何地方——第一個千禧年結束時，所有的聰明人都搬到科多華（Cordoba），伊斯蘭教統治西班牙期間的繁華都會、當時歐洲的知識中心以及世界人口最多的城市。

二〇〇七年我搬到亞洲，更重要的是，我把小孩也帶來這裡。在她們有生之年，通曉亞洲是創造成就不可或缺的要素，在世界各國，精通中文會變成像今天精通英文一樣重要。一九二〇、三〇年代，世界權力和影響力從英國移轉到美國，金融危機和施政不當導致英國加速喪失領導地位，很多人要到二、三十年後，才注意到這一點。現在世界權力和影響力正由美國移轉到亞洲，同樣的力量讓美國加速失去領導地位。

轉向亞洲的風潮在第二次歷史性大變動的時刻出現，在金融海嘯嚴重期間，世界面臨擺脫金融的情勢，也面臨擺脫金融業者作為繁榮來源的循環性變化。整個人類歷史上，有很多期間由金融家負責主導，也有很多期間由實質財貨的生產者，包括農民、礦工、能源供應業者、伐木工人負責主導。二十世紀的五〇、六〇和七〇年代，在大多頭市場開始前，華爾街和倫敦金融區是默默無聞的地方。這兩個地方會再度打回原形，搬運資金的專家正在沒落，聖經舊約《約書亞記》中所說「劈柴挑水的人」即將繼承這個世界。

省思造成變化的歷史力量、確信事無恒常的簡單假設之際，我不由得欣賞西方文明另一位偉大思想家愛因斯坦的說法：「只有兩件事情無窮無盡，就是宇宙和人類的愚蠢，而且我對前者是否無窮無盡，還不是這麼肯定。」

我們別忘了特洛伊城的公主卡珊德拉，她警告大家，不要把希臘人留下的木馬拖進城裡時，其實是自找麻煩，要是我們記不得這件事的其他特點，我們應該會記得她的預言正確無誤。

我寫這本書的主要目的是要讓大家了解，我們怎麼會走到今天這種地步，個人要怎麼自我教育，以便為未來做準備。我會跟你分享我一輩子從事金融、投資與冒險之旅所得到的見解，跟你分享我成長之際所學到的教訓，說明我從黑土地帶的泥土出發，走到地球另一邊這個東南亞城市國家的終生之旅中，怎麼把整個世界當成我家後院的經驗。

凡事沒有「夠了」這回事

我的市場探險之旅始於一九六四年春季，當時我是耶魯大學四年級學生，我發現自己非常像幾年前前進長春籐盟校一樣，跌跌撞撞的闖進華爾街。

我念高中時，熱心參加同濟會俱樂部（Key Club）的會務，同濟會俱樂部是由學生領導的服務組織，隸屬到一九七六年還只限制男性參加的國際同濟會（Kiwanis International）。戴摩波里斯同濟會俱樂部會員資格是了不得的大事，因為本地的支持者決定一年只允許五位少年入會。我擔任會長那一年，戴摩波里斯同濟會俱樂部贏得世界小城鎮最優秀同濟會俱樂部的殊榮。當時耶魯大學每年發給一位國際同濟會俱樂部會員四年的獎學金，也因為這項獎學金我才認識耶魯大學，如果不是同濟會俱樂部的關係，我根本不會申請耶魯大學的入學資格。

除了耶魯大學，我滿心希望就讀也是唯一申請的是田納西州西瓦尼（Sewanee）的南方大學，這所大學跟美國新教聖公會關係密切，是一所文科大學。我寄出申請書後不久，就接到西瓦尼方面寄來的同意書。一直到四月或五月，家父寄給西瓦尼要求的五十美元接受費之後相當久，我才收到耶魯大學寄來的厚厚信封，通知我耶魯大學已經接受

JIM ROGERS
羅傑斯語錄

改變的大風已經吹起，從中國的方向吹來，而且是以可預測的方式吹來。

我這個學生，而且發給我一年兩千美元的同濟會俱樂部獎學金。

我嚇壞了。

我才十七歲，對耶魯大學一無所知，只知道這所大學設在康乃狄克州的紐海文（New Haven）。然而，家父、家母經驗豐富，知道耶魯大學接受我這個學生的重大意義。他倆都是大學畢業生，在奧克拉荷馬州大學認識，兩人當時都是優等生。家父主修石油工程，家母主修文科。對他們來說，我上耶魯大學是相當非同小可。我記得家父說過：「我們有點擔心送你到北部這座自由主義堡壘。」但事實上，他和家母都樂不可支。家父的欣喜後來略為降低，因為他無法索回寄到西瓦尼的五十美元。在一九六〇年的戴摩波里斯，五十美元是一筆大錢，今天仍然是一筆大錢，但是當時五十美元的價值大約是今天的七倍之多。

我是家中五兄弟的老大，也是高中畢業班不到五十位畢業生的其中一位，於是我對所有人表露出因幸運而產生的過度自傲，就像本地人所說的，裝出大狗的樣子，但是自我膨脹的意識注定很短命。我慢慢的明白：唉，唉，我現在得去上耶魯了。我突然覺得很害怕，因為整個情勢遠遠超出自己的理解範圍。我不禁問道：我現在要做什麼？

那年夏天，我搭火車到波士頓參加同濟會俱樂部大會，在紐海文下車後前往耶魯大學的招生辦公室，我希望知道他們為什麼接受我這個學生，希望問這個問題後，自己可以知道將來會是什麼樣子，也能了解他們對我有什麼期望。招生主任抽出我的卷宗說：「你這樣問是什麼意思？你看，你以全校第一名成績畢業，很多科都得到一百分，平均成績接近一百。」

我心想：對，但那是在戴摩波里斯，唉，天啊，這些傢伙認為我很聰明，認為我懂得不少東西。

我就在覺得全無準備、無法跟美國東北部著名預校學生競爭的情況下，來到耶魯，但我抱著比別人更認真的決心，準備努力用功。記得有次老師要考試，一位同班同學說他要花五小時準備：「這次考試值得花五小時準備。」我發現他的想法很奇怪，我的方法是儘量努力用功，直到了解這一科目為止，然後再多用功一番，確保萬無一失。這是我處理所有事情的方法，是胞弟和我從父母身上學到的紀律：「凡事沒有『夠了』這回事」，不管任務是什麼，你就是要不斷用功、不斷努力，或不斷的研究。

我希望知道如何把這種性格灌輸到兩個女兒身上，我希望能夠打電話給家父或家母，問「你們到底讓我們吃了什麼藥丸？」可以把這種人生態度稱為紀律、勤奮、工作倫理，而弟弟和我全都秉持這種精神。我不知道這種精神從何而來，我希望能找到這種基因。認識持之以恆價值的人絕對不會只有我一人，**我們都認識不成功的聰明人，很有才氣卻不成功，其關鍵在於是否持之以恆。**

當時上耶魯所需的學費和食宿費一共兩千三百美元，我有兩千美元獎學金，所以一開始就少了三百美元，而且還沒有算書籍費和其他固定開支，於是每星期我到學校餐廳打工幾小時，上大學期間也兼做校園裡的差事。

青年期工作經驗帶來的好處，是可以計算的。除了能學習金錢價值，也能幫助自己培養認同；學習財務管理時，你會獲得明確的自主性。我從小就開始自力更生，六歲時家父教我「錢不是長在樹上」的道理，堅持要我自己出錢買棒球手套，於是我到五金行挑了標價四美元的手套，然後每星期六付給老闆十五美分，一直到付完全部金額。多年後，哥倫比亞大學商學院院長引用某大學的研究告訴我，要預測成年之後生活是否幸福，最重要的單一指標是青少年時期做過有報酬的工作。

總之，我的耶魯生活過得很愉快。我主修歷史，還以舵手的身分參加划船賽，大二、大三當選校隊選手，四年級時沒有擔任舵手。我甚至涉入演藝事業，得到幾次重要的戲份，其中一部電影由一九六一年從耶魯畢業的貝德漢（John Badham）導演。你可以想像，要是他的《周末夜狂熱》（*Saturday Night Fever*）用我當主角，這部電影應該會更紅！

雖然我十分喜愛演藝事業，卻沒有過度深入，原因跟我大四時不當舵手一樣。我把時間花在學業上，這樣的紀律也得到回報，我沒有比別人聰明，卻能夠以優異的成績畢業。

但我像很多大學畢業生一樣，不知道自己接下來要做什麼。

哈佛商學院、法學院和耶魯法學院都接受我的入學申請，但是我也申請進入醫學院，因為希望得到更多選擇的興奮之情。然而我真正的希望是到處旅行，我從小就愛看狄更斯（Charles Dickens）寫的《匹克威克遊記》（*The Pickwick Papers*），匹克威克俱樂部的紳士和他們的漫遊冒險，在我漫遊欲望的發展中，可能扮演了某種角色。雖然我才二十一歲，卻對自己有足夠的了解，知道光是離開家園就是我教育當中重要的一環；我的情況是，離開阿拉巴馬州的農村，到一千六百公里外去上康乃逖克州的長春藤大學。這段經驗讓我大開眼界，讓我學到很多東西。

就像吉卜齡（Rudyard Kipling）在〈英國國旗〉（The English Flag）這首詩中所寫：「只了解英國的人，又能對英國了解多少呢？」

置身在很多耶魯學生當中，總是讓我覺得很不舒服，因為他們當中有很多人已經到外國旅行過。我總是一心一意想要多了解、多看看這個世界。我記得好幾年前，曾經對當時的女朋友柯莉（Janet Corley）表白過這種渴望，我感歎說：「我已經十六歲了，卻

JIM ROGERS 羅傑斯語錄
我們都認識不成功的聰明人，很有才氣卻不成功，
其關鍵在於是否持之以恆。

還沒有到過任何地方。」一世故的柯莉只能同情的說：「我也十六歲了，去過很多地方，阿拉巴馬州的伯明罕、莫比爾港、蒙哥馬利、托斯卡路撒（Tuscaloosa）……」

我因為急於擴大眼界，申請了好幾種留學國外的獎學金，徵才人員在耶魯校園出現前，我已經收到一份由耶魯大學核發、到牛津大學巴里歐學院（Balliol College）研讀政治經濟哲學的學術獎學金。這是我出國旅行的機會，也提供我延後兩年決定自己一輩子要做什麼工作的附帶好處。而且私底下，我懷抱著美妙的幻想，希望在傳奇性的牛津大學與劍橋大學划船賽中擔任舵手。我急於啟程，我所需要的只是一個暑期的工作。

多明尼克公司（Dominick & Dominick Inc.）是美國歷史最悠久的未上市投資公司之一，也是大力在耶魯大學徵才的公司。這家公司具有貴族氣息、專用白人、偏愛耶魯等長春藤大學校友，也是求才企業在校園設攤徵才時，我安排好要面談的幾家公司之一。我跟別的公司面談毫無結果，卻跟多明尼克負責求才的卡其歐帝（Joe Cacciotti）相談甚歡，他在紐約布朗克斯街頭出生、卻設法進入哈佛大學；我在阿拉巴馬州窮鄉僻壤長大、卻設法進了耶魯大學。我們有很多共同的看法，只有一個明顯的例外：多明尼克要找專職員工。

「我不能接受你們的專職工作」，我告訴他：「但是我非常樂意在暑假期間為你們效勞。」

多明尼克在一八七〇年創立，是紐約股票交易所早期的會員，他們每年春季在耶魯大學設攤求才，但不找暑期打工者。因此我認為是卡其歐帝的大力推薦，公司才對我破例。一九六四年夏天，我開始在華爾街工作。

那年下半年我前往牛津大學時，已經清楚知道自己這輩子要做什麼工作。

那年夏天找到自己的前途

到華爾街工作之前，我對華爾街所知道的就是它位在紐約某個地方，一九二九年曾經發生慘劇，但我不知道股票和債券有什麼不同，更不知道不同的地方是什麼。我對外匯或商品一無所知，也不知道市場上的銅價會起起伏伏。

我在多明尼克工作的第一個暑假是待在研究部門，回答經紀商的電報詢問，例如通用汽車公司是否會配發股息，如果配發的話，會配發多少錢？我熱心的挖掘資訊，也在交易檯旁幫忙，看著他們為沒有在紐約證交所掛牌的股票，進行所謂的「造市」，也就是在那斯達克（NASDAQ）成立前買賣上櫃股票。我學到很多跟市場實際交易有關的知識。

我記得公司的資深合夥人問我念哪個學校，我回答是耶魯大學畢業生。他說：「那好，因為我們不希望用太多紅腹龜或老虎男孩。」他指的是哈佛大學和普林斯頓大學畢業生。既然有機會見到他，我就抓住機會問他對上商學院的意見，他說：「他們無法教你有用的東西，你到這裡放空一次黃豆，學到的會遠比在那裡浪費兩年所學還要多。」

那年夏天我過得很刺激，我用自己從沒用過的眼光觀察世界。突然間，我對歷史和時事所下的功夫不再只是理論學習，而是變成具有實際價值的努力。我急於了解世界的熱情派上用場，因為主修歷史的關係，我發現研究市場怎麼受世界大勢影響這件事十分迷人，但是真正讓我這一輩子銘記在心的是：整個人類史，市場用極為可以預測的方式，左右世界大勢。

我學到每一件事情都有息息相關的道理，學到智利的革命會影響銅價，進而影響全世界的電價與房價，影響每一樣東西的價格，衝擊每一個人，包括影響西班牙托雷多（Toledo）的屋主。我也學到，如果你可以預測智利會爆發革命，就可以賺很多錢，過很好的日子。

那年夏天我找到自己的前途。在華爾街，別人真的會發錢給我，也是我發揮探索天性的地方，如果我做得不錯，他們會發給我優渥的紅利。在華爾街，我會拿錢做所有愛做的事情。這是我在多明尼克兩個暑假中的第一個，當時我立刻就知道，離開牛津大學之後不會去上法學研究所、不會上商學研究所，我會儘快回到華爾街工作。

JIM ROGERS
羅傑斯語錄

整個人類史，市場用極為可以預測的方式，
左右世界大勢。

02 純真的留學生涯

今天看來似乎無可置疑的東西，
明天看來會大不相同，
最穩定、最可以預測的社會，
都會經歷重大動盪。

黯淡的日不落帝國

政治經濟學位是牛津大學在一九二〇年代設計出來的，說明白一點，是由巴里歐學院設計的現代版古典學術學位，目的是要訓練即將進入英國公務部門、準備統治大英帝國的學生。當時當然沒有幾個英國人知道大英帝國已經走上末路窮途。我現在對大學教育已經有足夠的了解，不禁要問，教出很多妄自尊大的政治經濟哲學研究所畢業生，實際上是否反而加速大英帝國的沒落。

一九一八年時，英國是世界上最富強的國家，如果你看世界地圖，會看到一片紅色，大英帝國無所不在。十九世紀是極為重要的世界貿易世紀；世界各地經濟體紛紛開放門戶，極力整合，卻圖利了海上強權英國。從經濟、社會和藝術的角度來看，當時是令人興奮的時代。

但是帝國總是會弄巧成拙、備多力分、過度浪費。到一九一八年，大英帝國已經從內部開始腐爛，在南非打的布爾戰爭造成人命與財富犧牲慘重，導致國內動盪與債台高築，和繼起的美國帝國自命不凡的政客在一世紀之後，所引發的動盪和債務完全相同。美國的政客在越南和伊拉克戰場上隨意浪費人命與資源，卻徒勞無功，造成美國在包括軍事、地緣政治和經濟上的每一方面的力量都過度分散，還不提在道德領域上的重大問題。

第一次世界大戰是針對恐怖主義行動所做的政治反應，卻使英國的勢力進一步減弱。英國和德國王室成員在一九一〇年還一起度假，是關係最親密的朋友和親戚，但一九一四年，他們的子民卻在法國的戰壕裡互相屠戮。英國參加一次大戰其實是不自量力，戰爭結束後，情勢更為惡化，背負了驚人的國際債務。到一九三九年，英國封鎖原本極為強勁的英鎊，使大家極難把英鎊送出國，還實施延續四十年的外匯管制，自此英國不再具有競爭力。二次大戰結束後，英國逐漸減少在歐洲以外的軍力，到一九六〇年代，英國再也無法保護蘇伊士運河以東的大英帝國利益，更沒有能力維持帝國的樣貌。

新加坡是大英帝國利益中的一環。新加坡的意思是獅城，是直接從原本的梵文獅子（singh）和城市（pura）直接翻譯過來的名字，獅城的名字起源於《馬來年紀》（*Malay Annals*）中所記錄的獅城建城傳說。傳說巨港（Palembang）王子聖尼羅烏達瑪（Sang Nila Utama）登陸新加坡島海灘進行探險時，看到了別人告訴他的獅子，認為看見獅子是好預兆，就以獅子城之名，為他在十四世紀初期在新加坡島所建立的王國命名（他看到的動物可能是馬來虎，因為連亞洲獅在內的獅子，從來沒有散布到印度次大陸以東的地

JIM ROGERS
羅傑斯語錄

要預測成年之後生活是否幸福，
最重要的單一指標是青少年時期做過有報酬的工作。

方，但在一九三〇年代，新加坡還可以看到老虎漫遊的景象。）

一八二四年，英國占領獅城。一九六九年，英國從新加坡島撤出前夕，殖民官員在萊佛士（Raffles）痛飲別離酒，大家可以聽到殖民官員喃喃說道：「新加坡的末日到了。」所有的人都同意新加坡會墜入地獄，這個沼澤叢生、極為貧困、擁有五十萬人口的前哨站毫無改善的希望。但是這批英國公務員回到祖國，看著大英帝國落日餘暉消散之際，只能目瞪口呆的看著萬里之外的新加坡人，開創過去四十年來最驚人的成功故事。今天新加坡是世界上最富有的國家之一，根據外匯存底計算，新加坡可能是世界上人均所得最高的國家。

墜入萬丈深淵的反而是英國。一九七六年，原本是超級強權的英國為了借錢，發行政府公債，卻賣不出去，只好低聲下氣的尋求國際貨幣基金組織（IMF）紓困。英國在一九一八年還是日不落帝國，但在一代之內陷入經濟困境，在三代內陷入破產絕境。

英國恢復元氣前，美國已經擁有世界最強大經濟、軍事與地緣政治的強權地位，在世界各地發揮影響力近三、四十年。大家認為，一九七九年當選英國首相的柴契爾夫人（Margaret Thatcher）是推動英國轉危為安的功臣，她也負責推動很多有利的改革。但事實上，一九七九年也是北海石油開始生產的那一年，如果你替我找到一座超大油田，我也會讓你過非常好的生活。

柴契爾夫人除了實施必要的財政紀律，也結束英國從一九三九年開始實施的外匯管制。一九六四年我到牛津時，英鎊是不能自由兌換的貨幣。除非你遵守嚴格的管制和規範，否則無法買賣英鎊、無法攜帶大量英鎊出國。英鎊陷入持續不斷的危機中。我每星期的經濟家教輔導課裡，討論的重點最後都會轉到英鎊的問題。英國訂定的匯率是二・八美元兌一英鎊，但是這種匯率顯然太高，不能精確反映英國經濟的健康（其實是不健康）程度。英國瀕臨破產，各方面的競爭力逐漸降低，沒有人願意在英國投資，英國人也無力在別的地方投資。

我在牛津念書時，擁有一個外國人的銀行帳戶，這個帳戶明白規定我的存款是外幣存款，就我而言，就是美元存款，因此我可以隨心所欲的存款和提款，銀行保有我帶來多少外幣的紀錄，我離開英國時，帶離英國的資金不能超過上述金額。這個帳戶遭到非常嚴苛的管制，我首先要說的是，我沒有多少錢，但是我一直小心翼翼，週末從銀行提領的金額絕對不超過某個水準，因為我總是很確定如果英國政府要讓英鎊貶值，一定會選在週末實施。雖然我只是二十二歲的純真青年，我都很清楚，英國一定要讓步。在牛津那兩年，我口袋裡的現金絕對不超過二先令六便士，也就是一個英國「半皇冠」硬幣。

英國的情況愈來愈差，貿易收支愈來愈惡化，債務不斷增加，最後終於證明我的看法正確，但是政府一直到我離開英國後的隔年才讓貨幣貶值。我的看法正確，但是時機的判斷錯誤，這種精準卻預測太早的特性會在我的投資生涯中一再重複出現，變成利弊參半的事情，也變成我投資生涯中比較明顯的特徵。英鎊貶值到二．四美元，但是這種匯價支持不住，一九七〇年代浮動匯率制度出現，英鎊跌到一．〇六美元低點。如果英鎊在這麼長的期間裡能夠進行逐步調整，英國產業或許能夠適應，針對可能的變化進行調整，維持比較高的競爭力，而不是面對英鎊崩潰的局面。

在柴契爾夫人的主政下，倫敦金融區再度變成國際金融中心，英國享受了二十到二十五年的繁榮歲月。但是北海油田現在逐漸乾涸，英國再度成為石油淨進口國。近來情勢變化，大家開始擺脫金融，不再把金融當成推動繁榮發展的動力，未來二、三十年內，金融會變成非常難以賺錢的地方。現在倫敦金融區已經開始枯萎，英國又債台高築，會再度走向沒落之途。

不能穿這雙鞋

二〇一〇年時，我有幸跟家人再度拜訪牛津，受邀在巴里歐學院的奧利佛・史密斯（Oliver Smithies）講座發表演講。出資設立這個講座的是二〇〇七年諾貝爾醫學獎得主、曾在巴里歐學院受教育的英裔美國遺傳學家史密斯。院方要求我跟牛津的學生分享對未來的看法，但是如果你問我女兒，我們重遊牛津的目的是什麼，她們的答案一定是：「贈送他們一艘船。」

我要告訴你一些背景。

牛津其實只有一種重要的運動，就是划船。沒有一種划船比賽比大家簡稱為「划船賽」的比賽重要。

牛津與劍橋首次划船賽是在一八二九年舉行，由兩隊各八位划槳手組成的划船隊，每年春天在泰晤士河舉行，日子是三月的最後一個星期六或四月的第一個星期六。我到牛津之前曾擔任耶魯大學划船隊舵手三年，看過也聽過有關牛津劍橋划船賽的報導，深知這項比賽的重要性。參加這種比賽，會讓你變成有點像是英國的國家英雄，光是亮出這種榮譽，英國的小酒館老闆就會熱心招待你喝好幾杯啤酒。

JIM ROGERS 羅傑斯語錄

大家開始擺脫金融，不再把金融當成推動繁榮發展的動力，未來二、三十年內，金融會變成非常難以賺錢的地方。

二〇一〇年時，大約有二十萬觀眾站在七．二公里長的賽道兩旁觀賞這項划船賽，英國廣播公司會在現場轉播划船賽，在一百五十多個國家播出，光是在英國，吸引電視觀眾就超過六百萬人。

每年春天，牛津大學各個學院划船隊的幾百位學生，包括很多舵手，都努力爭取號稱藍色船舶上的九個位置。藍色指的是大學運動比賽藍色獎，這種獎項是牛津與劍橋大學運動員參加運動最高階比賽贏得的榮譽。根據頒獎規定，兩所大學划船隊的隊員都可以贏得這種獎項，所有隊員都叫做「藍色選手」。牛津大學頒發的藍色獎項代表顏色是深藍色，劍橋大學是淺藍色。

我在牛津大學第二年獲選擔任藍色船舶舵手，成為這項划船賽舉行一百三十七年以來，第二位擔任舵手的美國人。實際上，第一位擔任舵手的美國人也曾就讀耶魯大學和巴里歐學院。他當舵手那一年，牛津的船沉入水裡，所以當校方宣布由畢業於耶魯大學、就讀巴里歐學院的羅傑斯擔任舵手時，大家大吵大鬧：「唉，我的天啊，又來一位會搞沉牛津大學的人。」

我差一點失去參賽隊員的資格。因為一旦當選划船隊員，就必須自己花錢買藍色夾克、特別的藍色圍巾和特別的毛線衣，配上白長褲，整套服裝還要配黑皮鞋。但我沒有黑皮鞋，只有一雙禮鞋，還是科多華（cordovan）漆皮鞋，這雙鞋是我在比較黑色和褐色後折衷買下來的，我買不起兩雙不同色的鞋子，認為深褐色的科多華漆皮鞋可以兩者兼顧，但牛津大學划船俱樂部主席克雷格（Duncan Clegg）跑過來告訴我：「脫掉你的褐色皮鞋。」

我說：「這不是褐色皮鞋，是深褐色的皮鞋，是科多華漆皮鞋。」而且對我來說，這雙鞋很貴。

「不行」，他說：「不能穿這雙鞋。」

我說：「我根本沒錢了，買所有東西花了我一大筆錢，我根本買不起另一雙鞋了，如果這樣表示我會失去划船選手的位置，也無可奈何。」最後，他們讓我穿這雙褐色的鞋子參賽。

那一年是一九六六年，我們在划船賽中以領先三又四分之一船身的佳績打敗劍橋大學。

一九六五年，這項划船賽有史以來第一次、也延續到今天的傳統，容許兩所大學的預備划船隊員在預賽中對抗，我擔任牛津大學愛西絲號（Isis）船的舵手（預備划船隊員划的船，根據牛津市區的泰晤士河河段名稱命名為愛西絲號。）那年是我在牛津念書的第一年，我曾經爭取藍色船舶中的一個位置，但如英國人所說的某種「不愉快」，我幾乎放棄了。

因為牛津、劍橋兩所大學的所有運動都是非職業性，我們必須花錢買自己的制服，牛津大學的划船教練也都是義工，那年負責最後衝刺階段、監督隊員的教練叫麥肯錫（Sam Mackenzie）。他是澳洲人，曾經獲得輕型帆船賽世界冠軍，喜歡招搖撞騙，總是急功近利，職業是小雞配種專家，技巧絕佳，在家禽養殖業中備受尊重。那年他和名叫莫蘭（Miles Morland）的學生划槳手兼划船俱樂部會長，有權決定要挑選哪些選手跟劍橋大學比賽。

杜德（Christopher Dodd）在一九八三年出版的大作《牛津與劍橋划船賽》（*The Oxford and Cambridge Boat Race*），詳細記錄了我所碰到的問題：

> 羅傑斯那年一月收到（他父親寫來的）一封信之前，是巴里歐學院的快樂學生，也是愛西絲號舵手，這封信讓他震驚、困擾，為了這封信他考慮好幾天，覺得自己只是一個單純的外國人，但深思信裡所說的意思之後，他認為最簡單的脫困之道是退出。他不希望參加自己不知道誰全力以赴、誰不全力以赴的比賽。他跑去找教練哈代（David

Hardy），表達要放棄。哈代看出蹊蹺，就設法追查羅傑斯要退出的原因。哈代認為這件事沒有道理，羅傑斯的表現很好，因此羅傑斯把父親寫來的信拿給他看……

信是住在阿拉巴馬州的老羅傑斯寫來的，他幾乎不知道牛津在什麼地方，划船賽到底是怎麼回事，但是他了解麥肯錫的言外之意。這封信裡有兩、三段跟牛津划船賽，以及他兒子要參加比賽有關。書信最後是老羅傑斯用手寫的附筆，意思是，如果麥肯錫的銀行帳戶存款金額大增，例如增加四位數字，那麼小羅傑斯在藍色船舶上一定會有一個位置。老羅傑斯在信件最後（對兒子）寫道：「是這個人瘋了，還是我瘋了？」

我到牛津才幾個月，但其他船員之間已經認識好幾年，我不知道到底發生什麼事，卻了解父親不希望我牽扯進去，面對這種難題，我覺得唯一的解決之道是乾脆退出，這樣做似乎是阻力最小的方法。但哈代說服我不要退出，還把信拿給划船俱樂部的教職員顧問兼財務主管戴維吉（Vere Davidge）過目，戴維吉是研究員兼任基布爾學院（Keble College）的財務主管，桌上經常擺著一瓶波特酒，他說：「麥肯錫確實一直跟我們不一樣。」最後麥肯錫遭到開除。

愛西絲號八位划槳手和我在比賽中打敗劍橋大學，我們決定保持隊形不變，參加那

JIM ROGERS 羅傑斯語錄

未來幾十年內，企管學位會變得毫無價值，
只是浪費時間和金錢。

年夏天的亨利皇家賽舟會。

賽舟會在七月裡舉行五天，是英國社會的重大要事，名稱會掛上皇家，是因為贊助人是貴族，當年是由菲力浦親王贊助。賽舟會是划船運動的巔峰，因此世界各地的划船好手都會參加，如果你念的大學划船隊表現優異，參加賽舟會就是殊榮。

我念耶魯大學時就聽過這項賽舟會，對它非常了解，當時我沉湎在賽舟會的傳奇故事，但是從來沒有想到自己有一天會參加比賽。其中最著名的賽事是大挑戰盃八人划船賽，比賽從一八三九年亨利皇家賽舟會開辦以來，就一直持續到今天。八位划槳手和我決定參加泰晤士盃划船賽，一九六五年時，這項比賽跟今天一樣是第二重要的八人划船賽，光是能夠參加就讓我十分興奮，比賽獲勝更讓我興奮莫名，我們贏得金牌也在泰晤士盃創下紀錄，使我第一次列入金氏世界紀錄。

現在巴里歐學院划船俱樂部男女隊員兼收，八人賽小船分別叫做「碧蘭羅傑斯號」（Beeland Rogers）和「樂樂羅傑斯號」（Happy Rogers），後者是二〇〇七年以我長女名字命名，捐給女性划船隊的船，前者是我捐出第一艘船後不久，以我二女的名字命名，捐給男性划船隊的船。

「碧蘭羅傑斯號」在二〇〇九年完工，趕上牛津的八人划船競賽週，這一週也叫做夏季八人船賽，是划船季節的最高潮。八人船賽的重要性僅次於大學划船賽，也是當地的重要大事，一共舉行四天，還有男性七人組與女性六人組，參賽的隊伍多達一百五十八隊。

二〇〇八年，巴里歐學院男性八人賽甲隊奪得「河中之王」的獎項，是這項比賽舉辦五十二年來，巴里歐學院首次奪得冠軍。二〇一〇年，巴里歐女性八人賽甲隊也奪得「河中之王」獎項，是這項比賽舉辦三十一年以來，巴里歐女性划船隊首次獲得冠軍（二〇一一年再度奪冠。）二〇〇九年，男性八人隊參加比賽，在勝券在握之際卻遭到衝撞，痛失王座，不過用我兩個女兒命名的船舶都曾經得過河中之王的寶座。

二〇一〇年慶祝女子隊獲勝的晚宴，我當時在史密斯講座剛好有演講，於是內人佩姬（Paige Parker）和我帶著兩個女兒出席慶祝會，當時七歲的樂樂和兩歲半的小蜜蜂（Baby Bee）都盛裝出席，用香檳為她們的船舶命名。我頒發每位女子隊隊員一個二〇一〇年鑄造的一英鎊金幣，頒給男子隊隊員每人一個二〇〇八年鑄造的同樣金鎊，紀念他們獲勝的年度，金鎊由樂樂頒發，接著她宣布，要捐贈第二艘船給女子隊，船名叫做樂樂羅傑斯二號。

要發財就去當農夫

不足為奇的是，我的演講讓與會的巴里歐學院學生感覺困惑，他們像我一樣深知，從我當年在牛津念書以來，全球情勢出現了很大的變化，但他們不知道的是，改變後的情勢又變回原狀，尤其是金融勢力的崛起。

我在牛津第二年時，經濟學導師貝克曼（Wilfred Beckerman）教授對我說：「這裡沒有人像你一樣，大部分人完全不關心股市。倫敦金融區毫不重要，跟世界經濟毫無關係，跟英國經濟更沒有干係，根本沒有人關心英國股市。」

一九六〇年代，巴里歐學院的大部分教授都是社會主義信徒，對於擔任政府顧問的學者來說，自由市場毫無意義。一九六四年我到牛津大學時，倫敦金融區備受忽略，最好、最聰明的巴里歐學院學生都在公家機關和學術界追求職業生涯，只有白癡才會到倫敦金融區找工作。

我的經濟學導師說的對，倫敦金融區和當時的華爾街一樣，都是一片荒涼。

二〇一〇年我回牛津演講時，情勢已經明顯改變，倫敦再度變成全球金融中心，事實上，還是世界上極為重要的金融中心。聽我演講的巴里歐學院學生屬於另一代的學生，都渴望在投資銀行界尋找事業生涯，從他們的樣子來看，其中很多人一定已經在自己的宿舍經營避險基金。

他們告訴我，他們希望做我做過的事情，他們問我應該閱讀什麼書籍。我說，要讀哲學、歷史。他們說，不對、不對，他們希望到倫敦金融區工作、希望發財。我回答，如果是這樣應該避開倫敦金融區，因為那裡很快就會再度變成沒落荒涼的地方。我告訴他們，金融完了，應該改念農業，我建議他們，如果希望發財應該去當農夫。

二〇一三年，美國每年畢業的管理碩士超過二十萬人，一九五八年，每年只有五千位而已；其他國家每年還培養幾十萬個管理碩士（一九五八年時，其他國家沒有製造半個管理碩士。）未來幾十年內，企管學位會變的毫無價值，只是浪費時間和金錢，現在金融業積欠了驚人的債務，這種情形和先前截然不同，各種新的控制、管制和稅負會使金融變得比較昂貴，政府像一九三〇年代一樣，對金融業者愈來愈不滿。

所有管理碩士的精明做法應該是去拿農業和礦業學位。今天念公共關係的學生比學農的人多；念體育或運動管理的人比學礦業工程的人多。但是將來農業會變成遠比金融業報酬高的產業。很快的，證券營業員會變成開計程車的司機（比較精明的營業員會開拖拉機，以便為農民工作）農民會開著藍寶堅尼（Lamborghini）超級跑車。

JIM ROGERS 羅傑斯語錄

所有管理碩士的精明做法應該是去拿農業和礦業學位。

順帶一提，仍然生產汽車的藍寶堅尼起初是生產拖拉機的公司。一九四八年，藍寶堅尼先生創立拖拉機公司，利用剩餘的汽車引擎和殘存的軍用廢料，生產最早一批拖拉機，變成義大利規模較大的農業機械製造商。他在一九六三年創設藍寶堅尼汽車公司，我聽說，他會創立汽車公司是因為他去找法拉利（Enzo Ferrari），希望買一輛汽車，但是法拉利先生輕蔑的說，他不希望別人看到拖拉機司機開他的名車。需要是發明之母，藍寶堅尼因此自行生產汽車。

我們目前處在世界性長期商品多頭市場，在一九七〇年代的商品與農產品多頭市場中，食物價格急劇上漲，庫存大量增加，到一九八〇年代，世界食物庫存增加到大約占消費量的三五％，可能是有史以來最高紀錄，食物價格最後因此崩盤。例如，砂糖價格從一九七四年每磅六十六美分，跌倒一九八七年每磅二美分。世界各地的農民都因此受苦受難，美國的農民也一樣，尼爾遜（Willie Nelson）之類的音樂家舉辦救農音樂會。農業經濟當時的景象很淒慘，美國每一位農家子弟都努力獲得管理碩士學位，轉進華爾街工作，那裡是資金所在的地方，是重大事件發生的地方。

但是情勢已經改變，目前美國農民的平均年齡五十九歲，十年後，要是他們還活著，他們的年齡會增加到六十九歲。日本農民的平均年齡更高，達六十七歲，那裡的農田已經乾涸，如果你開車漫遊日本，會看到面積龐大的閒置農田。還活著的日本農民已經老化，他們的子女在東京或大阪擔任證券營業員。日本是沙文主義最濃厚的國家之一，但是情勢嚴重到無望之至，以至於日本政府同意以實驗性的方式，開放中國農民入境耕作。印度的情勢更糟糕，因為務農極為難以維生，過去十五年，印度已經有幾十萬農民自殺。根據二〇一一年五月《富比世》（*Forbes*）雜誌引述的報導，印度平均每三十分鐘就有一位農民自殺。

除非價格漲到種植食物有利可圖的地步，否則不會有人願意取代世界上正在老化和死亡的農民。價格一定要上漲，而且一定會上漲。近年來，世界食物消耗量超過產量，食物庫存量在一九八〇年代升到極高的水準，現在卻已經降到歷史低點，大約占消費量的一四%。全世界已經面臨嚴重的糧食短缺，食物價格正在上漲，就算你滿腹怨言，我們都會碰到過去從來沒有碰過的事情：食物會變成無價之寶。

目前的商品多頭市場始於一九九九年，到本書寫作時為止，已經延續十四年，商品多頭市場像所有的多頭市場一樣，最後都會形成泡沫。大家在雞尾酒會上告訴你，他們在黃豆上賺了多少錢時，就是應該出場的時候。但是這波多頭市場還有好幾年壽命。如果世界經濟好轉，經濟成長會刺激商品和原物料的需求，商品、原料和天然資源會有優異的表現，如果經濟沒有好轉，這些東西也會有優異的表現，因為政府的行動已經證明雖然不應該這樣做，卻會繼續印更多鈔票，印鈔票總是會導致白銀、稻米、能源和其他實質資產之類的商品價格上漲，因為投資人會設法自保，以免受到貨幣貶值之害。

不過這是另一個故事了，後文會另行探討。

二〇一〇年，我在巴里歐學院演講時，對台下那群決心到金融界服務的學生解釋得很清楚：**身為投資人，研究哲學與歷史對我是不可或缺的工作**。我告訴他們：「你必須深刻了解自己，如果希望人生有什麼成就、如果希望了解真相，你就必須學會以更深入、更深遠的水準思考。」學習哲學協助我發展這些技巧，訓練我獨立思考、協助我跳脫既有框架思考。哲學教我獨立評估情勢，檢驗每一個觀念、每一個「事實」；教我放大眼界，看看少了什麼東西。今天有極多的人陷入傳統的思考方式，因為反映大家的共同見解、反映大多數人的意見，用國家、文化或宗教觀念限制自己的思考過程，會比較容易，也比較安全。要用與眾不同的方式思考很難，哲學會教你如何思考，在這種過程中，還會教你如何懷疑。

如果我們從歷史中沒有學到什麼教訓，至少學到下面這一點：今天看來似乎無可置疑的東西，明天看來會大不相同，最穩定、最可以預測的社會，都會經歷重大動盪。

一九一四年，中歐閃亮明珠的奧匈帝國幅員廣大，是國際財富中心，當時維也納股票交易所大約有四千個會員，四年之內，奧匈帝國完全消失。你可以隨便挑選一年，然後往後退十年或十五年，例如挑選世界普遍恢復和平、繁榮和穩定的一九二五年，想一想，一九三五年的情勢如何？一九四〇年又如何？你可以從過去五十年，挑選每個十年中的第一年，從一九六〇、一九七〇一直到二〇〇〇年中挑選，在每一個十年開始之初存在的凡俗之見，在隨後的十年或十五年都徹底破滅。

遇見洛依絲

我在牛津念書時，因為缺錢的關係不能隨心所欲的到處旅行，但是牛津卻是最先滿足我旅行衝動的地方。英國的學年度由兩個六週的假期隔開，一次假期是聖誕節，另一次是復活節。我在英國的第一個聖誕節，同樣因為沒有錢而不能搭飛機回家，就搭兩位美國同學的便車到摩洛哥，在馬德里分手後他們繼續往南開，我再搭便車到里斯本，然後前往直布羅陀，我們約好在那裡見面一起回牛津。他們的渡輪在直布羅陀靠岸時，車上多了三位年輕美國女性。

JIM ROGERS
羅傑斯語錄

今天看來似乎無可置疑的東西，明天看來會大不相同，
最穩定、最可以預測的社會，都會經歷重大動盪。

其中一位是親切、高尚、家住費城，名叫洛依絲（Lois）的猶太裔女孩，她剛從賓州大學畢業，有一位醫生親戚在美國駐哥本哈根大使館服務，她來歐洲旅遊、探親，正準備到丹麥。我們往北開約三百公里後汽車拋錨了，我說服洛依絲跟我一起搭便車到巴黎，她再坐火車到哥本哈根，我則繼續前往牛津。我們在路上共度三、四個晚上（她穿兩雙滑雪褲睡覺），到了巴黎要分手前，我們在前往火車站途中一起吃飯。

我告訴她：「你還不能走，你還沒有把餐盤裡的東西吃光。」

「我已經二十二歲了」，她說：「不必把盤裡的東西吃光。」

「你還是小女孩的時候」，我說：「你父母沒有叫你想一想挨餓的中國可憐小孩嗎？」

「我還是小女孩時，父母親叫我想一想阿拉巴馬州挨餓的可憐小孩。」

我在牛津過第二個聖誕節時，洛依絲已經在那裡租一棟公寓，我們夏天一起搭便車到南斯拉夫，然後一起參加我預訂的三週學生旅遊，到另外五個共產國家遊覽，我們到東德、波蘭、捷克、烏克蘭和俄羅斯，這幾次旅行讓我首次可以觀察鐵幕背後的生活，也讓我首次看到現實世界中黑市的運作情形。

俄羅斯盧布是不能兌換的貨幣，你不能在市場上買賣盧布，把盧布帶進或帶出蘇聯都違法，但是倫敦的美國運通公司握有盧布，你可以在那裡用極大的折扣購買盧布，就像你可以在俄羅斯國內的黑市買到盧布一樣，換到大約官價五倍的盧布。我們在倫敦買了一大堆盧布，洛依絲把盧布塞到她的胸罩，偷偷的把錢帶進俄羅斯。俄羅斯的商品和服務供應雖然有限，用西方的標準來看的確很便宜，而且比我們的物價便宜多了。多年以後**我開車環遊世界，每次穿越遙遠的邊界時，最先做的事情就是尋找黑市**。

我們一起過第三個聖誕節時，洛依絲和我已經結婚，不過她父母對我不是猶太人極為不滿意，更何況我還放眼華爾街。

03 自立自強

我建議每一個人以及我的小孩：
詢問工作待遇前，首先要考慮工作內容、場所，
是否適合自己。

一九六六年，馬倫哥郡（Marengo County）沒有一個人能夠逃避徵兵，徵兵委員會只有一位婦女委員，她的兩個兒子先前應召服役，在很早之前的戰爭、不是在當時如火如荼的越戰中作戰陣亡。我非常反對戰爭，大家也認為她同樣非常反戰，但是她的犧牲反而強化她對戰爭的支持。因此我在前進華爾街之前，必須服完兩年的兵役。

我因為錄取到預備軍官學校受訓，獲准選擇自己的兵科，因此我選擇陸軍軍需部隊。離開新兵訓練中心後，我前往維吉尼亞州李氏堡（Fort Lee）的學校受訓。洛依絲當時在哥倫比亞大學攻讀博士學位，經常從紐約南下看我。我以最優異的成績從預備軍官學校畢業，因此可以選擇駐地，我希望獲派到紐約地區服役，正好布魯克林的漢彌爾頓堡（Fort Hamilton）有一個軍官職缺，結果我獲得那個空缺，派駐到那裡跟一位年輕少尉一起管理軍官俱樂部。

我和指揮官談話時，說出服役期滿後要到華爾街工作。這時正是股價漲翻天的一九六八年；到處都有人吹噓自己賺到多少錢，因此指揮官要求我幫忙他投資，我也答應了，我認為自己知道應該怎麼做。幸運的是，我沒有讓他虧錢，實際上還幫他小賺一筆。一九六八年八月我退伍前，把他的投資連本帶利用現金還給他，我不知道後來他怎麼處理這筆錢，到一九六八下半年，多頭市場漲到高峰，華爾街崩盤，隨之而來的是漫長的空頭市場，但是我留給他不錯的投資成果。

以熱情投入工作

我在一九七〇年代初期進入華爾街，事後證明，這十年是股市史上最可怕的十年。一九七〇年道瓊工業指數崩盤的程度，是一九三〇年代以來最慘的一次，我在三家不同的公司當了幾年分析師，在那一年進入安諾布雷許洛德公司（Arnhold and S. Bleichroeder）服務。

這家公司歷史悠久，是由能力高強的德裔猶太人經營的投資公司〔馮布雷許洛德（Gerson von Bleichroeder）曾經擔任德國鐵血宰相俾斯麥的財經閣員。〕一九三七年，納粹黨崛起，這家公司把業務遷移到紐約經營，我就是在他們規模不大的家族經營公司裡開始大展所長。

華爾街讓人覺得美妙和興奮的地方就是情勢總是不斷變化，你必須時時保持領先，重大行動從來沒有停頓過，就像成交量與時間結合的四度空間謎團。每天上工都會發現有人在你之前移動了棋子：有人去世、發生暴動或戰爭、氣候狀況改變，無論如何，就

JIM ROGERS
羅傑斯語錄

華爾街讓人覺得美妙和興奮的地方就是情勢總是不斷變化，
你必須時時保持領先。

是情勢不斷變化。

投資行為缺少其他行為的韻律，因此始終不斷的考驗你。如果你設計一款汽車，生產和銷售的時間是可以預測的，市場不是接受就是拒絕，整個計畫有一段生命週期。但投資沒有一樣東西會靜止不動，這點使投資變成持續不斷的挑戰，你可以隨心所欲的把投資稱為一種遊戲、一種戰鬥。

我熱愛投資過程的每一分鐘，覺得如魚得水。我全天候工作，有時候一週工作七天。我熱愛股市，甚至偶爾希望股市週末不休市。還記得自己在一週之內到十個城市拜訪十家公司，卻從不覺得花太多時間做這種事。

可想而知，內人洛依絲討厭我的樣子。我在辦公室一天工作十五小時，她困在哥倫比亞大學校園的學生示威活動中。華爾街在校園裡的名聲當然不好。她不了解這個瘋狂、努力、野心勃勃的男人為何希望在華爾街致富。到我進入安諾布雷許洛德公司服務時，她和我已經離婚。洛依絲和她的同學，一直要到離開校園後才知道真正的生活是什麼樣子，她畢業時要買車，但父母和四十歲的哥哥都不肯為貸款作保，因此她請我擔保，而我也婉拒了。

四年半後我再婚，又因為一心一意投注於工作，這段婚姻維持得很短，我對這種事情並沒有得意，我一向都不是別人所說「善於維持關係的人」。我跟佩姬結婚時已經五十七歲，一直到當時為止，我和女性之間都無法維持長久的關係，包括前兩次婚姻，我總是在建立、脫離關係之間擺盪。佩姬顯然很特別，因為她一直都能容忍我。

我是五兄弟中的老大，沒有姐妹，五兄弟中除了一位之外，另外四位都離過婚。我跟弟弟聊天時都有同感，父母從來沒有教導我們如何與異性相處。我認為，即使有問，我父母應該也不知道要教什麼，他們結婚時都才剛剛成年，沒有什麼約會經驗。我知道自己所受教育的不足後（到了晚年才有這種自覺），希望在教導女兒方面能夠做的比較好。所有的父母親都需要教自己的小孩如何與人相處，在我兩個女兒成長過程中，我希望提供她們見識和建議，設法把我辛辛苦苦學到的經驗告訴她們。

在華爾街要努力工作是既定的事實，但是能成功的人卻很少，很多人在多頭市場時賺了很多錢，但是在正常狀況要賺很多錢比較難，要在空頭市場賺錢更難，大部分人因此都退出這一行，**堅持和堅忍不拔是繼續生存絕對必要的條件，但是趨勢判斷一樣重要。**

要在華爾街成功，你必須特別謹慎。挑中一塊大石頭時，誰知道有什麼東西會跑出來，可能引發什麼問題？此外，你必須多疑。翻轉一塊大石頭後，你聽到的大部分事情都不正確，都反映政府、公司或個人缺乏知識或扭曲資訊。你不能相信任何人的任何話，每一件事都必須自行研究、證明，你必須動用每一種消息來源。**可能有一百個人走進會議室，同時聽到相同的資訊，但是只有三、四人走出去後會做出正確的判斷。**

我開始在華爾街工作時，非常少人投資股票，在一九六〇年代，個人、退休基金與校產基金之類的機構投資人，主要投資標的是債券（外匯和商品呢？華爾街沒有幾個人能夠正確拼對這兩個英文字。）一九六〇年代末期，福特基金會發表一份報告，認為股票是適當的投資標的，股息和資本利得加在一起，使股票變成像債券一樣有吸引力。因為福特基金會信用卓著，很多投資人根據他們的報告採取行動進場，從此股市開闢了新天地。

今天的管理碩士根本無法想像，幾十年前的普通股還是不普遍的投資，但是整個情勢一直要到一九八〇年代的多頭市場開始後，才出現重大變化，今天幾乎所有投資機構都把大部分的資金投入股票。一九六四年我入行時，紐約股票交易所熱絡的日子裡，一天的成交量是三百萬股。今天一筆交易量就有三百萬股，而且可能在早餐前、交易所開市前就完成交易。今天，每星期的成交量大約五十億股，還另加那斯達克成交約五十億股。

當時要是有人知道股票的話，他們所知道的所有股票都在紐約股票交易所掛牌，很少美國人投資外國股市，第二次世界大戰摧毀大部分國家，唯一富強的是美國，但美國人卻還沒有開始尋找外國的投資機會。當時投資人的眼界受到限制有很多原因，但是妨礙投資最嚴重的是外匯管制，包括美國所實施的外匯管制。

一九六二年德國經濟成長，日本愈來愈能夠自給自足，其他國家的經濟也開始好轉，於是很多美元離開美國。我們向外國購買愈來愈多商品，貿易收支問題開始出現。因此到了一九六三年，美國國會發揮智慧（或是無計可施），開徵了所謂的利息均一稅（interest equalization tax），針對美國居民所做的任何外國投資，課徵一五％的稅。如果你用一百美元購買德國福斯汽車公司的股票，你要拿出一百美元來買股票，還要交給美國政府十五美元的稅。開徵這種稅的目的是要阻撓美國人到外國投資，而且也的確達成目的，雖然機會很多，卻沒有很多人投資海外。世界其他國家蓬勃發展，美國卻付出代價。

我從念牛津大學開始，就對國際投資興致盎然。當時是我第一次有機會觀察世界其他國家的情勢。一九六八年我退伍時，若是談到投資丹麥貨幣克朗之類的話題，身邊的人都不知道我在說什麼，年齡比我大、精明又有經驗的人都目瞪口呆，好像他們不知道

JIM ROGERS 羅傑斯語錄

投資沒有一樣東西會靜止不動，這點使投資變成持續不斷的挑戰，你可以隨心所欲的把投資稱為一種遊戲、一種戰鬥。

丹麥在哪裡一樣，更不知道丹麥有很好的機會。當時華爾街只有兩家小公司專門從事外國投資，安諾布雷許洛德是其中一家，另一家是卡爾馬克斯（Carl Marks & Co.）。

安諾布雷許洛德找我跟公司副總裁索羅斯（George Soros）合作。索羅斯一直在找一位聰明的年輕人，而我正希望換工作，有人便介紹我們認識，我們也一拍即合。他跟我一樣擁有相同的國際觀，大我約十二歲，在匈牙利長大，到英國念書和工作直到二十五、六歲才移民美國，他擁有國際投資背景，因此我們是很好的組合。我們在安諾布雷許洛德管理雙鷹避險基金（Bleichroeder Fund），利用國內外的大好良機，卻因為業界的技術性變化，也就是新管制法規的限制，我們被迫脫離安諾布雷許洛德自行獨立經營，但該公司繼續擔任我們的主要經紀商。

我們找了一間小小的辦公室，成立量子基金（Quantum Fund），這檔基金是複雜的海外避險基金（Hedge Fund，又稱：對沖基金），專攻不受利息均一稅影響的外國投資，基金在荷屬安地列斯群島註冊。我們買進和放空世界任何地方的股票、商品、外匯和債券。我們投資別人不投資的地方、利用全球各地沒有人利用的市場。我不眠不休的工作，盡最大的力量精通全世界資本、商品、原料和資訊的流動。

到一九七四年，全世界只剩下幾檔避險基金存活下來，不過從一開始，避險基金的檔數就不多，因為華爾街已經變成非常難以賺錢的地方，大部分避險基金都停止營業。連少數還存活的避險基金，投資重點主要都放在美國，我們是唯一的國際型避險基金。理論上，避險基金業者都是聰明人，但是當時沒有人投資外國，當時只有少數人能夠在地圖上指出比利時，更不用說投資比利時了。

最早的避險基金是瓊斯（Alfred Winslow Jones）在一九四九年創立的，我們開始經營自己的基金時，他的避險基金還在營業（瓊斯到今天還活著），他的基金在一九五〇、六〇年代經營得非常成功，我們利用的報酬結構是瓊斯想出來的，當時其他人也運用相同的結構。

從名稱上你可以輕易看出避險基金和共同基金（Mutual Fund）的主要差別：避險基金可以避險、可以放空；美國的共同基金只能買進股票、只能作多，但受到美國證管會（SEC）的報酬規則限制，只能收取很低的費用，而且不准借錢。換句話說，就是不能利用融資買進。而避險基金可以融資買進，也可以收取自己希望收取的費用。

我們收取資產總額一％的費用，作為年度管理費；共同基金可能只收取〇・五％的管理費。另外，我們還收取績效費用，從我們創造的任何利潤中收取二〇％的獎金，這是當時的標準做法。

理論上，不管景氣好不好，避險基金每年應該都會賺錢，原因是避險基金可以放空，績效獎金就是由此而來，如果你表現優異，可以賺很多錢，如果你沒有獲利，投資人不必拿錢出來，但是避險基金可能會賺到龐大的利潤，因此投資人樂於交出其中的二〇％，因為這樣表示他們也賺錢。

二次大戰後，瓊斯告訴投資人：「我很精明；我要設立這檔基金，利用對沖的方式規避我的投資風險、規避我們的投資風險，因為我善於投資，我希望你們在我表現優異時，付給我很多錢，如果你希望靠著我投資，你們必須付錢。」共同基金從過去到現在，都不能收取績效獎金，但是根據法律規定，如果你招攬的投資人不到九十九位，你就不算是向大眾籌募資金——例如你不像富達基金公司（Fidelity）找千百萬投資人籌募資金，而且私募關係人之間可以隨心所欲，訂定任何類別的報酬規定，因此避險基金原本就是以結構小巧著稱。

索羅斯是非常優秀的交易員，善於波段操作與交易，這種事情我不擅長也不留意，我負責大部分的研究工作，**我有興趣的是翻轉大石頭，追求線索，發現世事有什麼進展，預測大勢會怎麼發展**。我的這種熱情在一九六四年無意間闖進華爾街，找到我願意無償、同時又能養活自己的工作時，得到了回報。

為了順利走上這條路，我樂意接受七五%的巨幅減薪。錢對我不重要。我建議每一個人以及我的小孩：詢問工作待遇前，首先要考慮工作內容、場所，是否適合自己，如果場所適宜、你又願意把工作做的很好，我跟你保證，錢會跑來找你。你最不應該關心的是錢。

我們在中央公園旁邊的哥倫布圓環附近，找了一間小小的辦公室，連祕書在內一共三人。公司經營得很順利，我們什麼都做：投資全世界的股票、債券、外匯、商品，我們多、空都做，還利用融資。我們做金融市場從業人員能夠做的所有事情，做別人可能做的事情，也做別人因為受到外匯管制阻撓、受到歷史眼光所限而不做的事情。美國在地理上是孤立的國家，到今天多少還有這種意味。美國的兩岸有兩大洋和其他國家隔開，是戰後唯一有錢的國家，我們跟其他國家不必有太多的交流。美國投資人為什麼要考慮德國、法國、義大利或日本，受到戰爭摧殘的國家呢？我們不需要這樣做。

我對全世界的好奇心永遠無法滿足，我尋找所能找到的任何資訊。我們一直認為機會很多，如果你找到機會就必須投資。我們不受歷史、地理、傳統或荒謬問題限制，我們在任何地方看到機會就會投資，這點表示我們的投資範圍是全世界。我們利用很多融資（借很多錢投資），這樣會帶來重大的風險，但是幸好我們的做法正確，做對的機率

JIM ROGERS
羅傑斯語錄

可能有一百個人走進會議室，同時聽到相同的資訊，
但是只有三、四人走出去後會做出正確的判斷。

經常超過做錯。

一九七一年，我們碰到創業初期的重大創傷，當時尼克森總統關閉黃金窗口，拒絕讓外國政府用手中的美元換取美國的黃金。尼克森同時實施薪資與物價管制，同時對進口產品開徵一〇%的附加稅。我們作多日本股票，日本經濟正在蓬勃發展，是備受忽視的絕佳市場，價格低廉又持續上漲，貨幣也很健全。我們投資日本、放空美國股票，尼克森在星期天晚上宣布這些措施，在那一週我們作多的日本股市下跌二〇%，我們放空的美國股市漲翻天，那一週我們損失慘重，但是北海石油的產量逐漸提升，我們投資歐洲的石油公司彌補了虧損，這些公司欣欣向榮，我們即將從北海賺到大筆財富。

搞對基本面就會現利多

石油雖然是交易最普遍的商品，很可能還是最重要的商品，重要性超過其他資產，但是石油要到一九八〇年代才開始在商品交易所交易，一九七〇年代以前的幾十年內，在紐約商品交易所為原油提供公開市場前，石油都是透過經紀商或能源業者，利用電話交易；紙張、鋼鐵和鈾之類市場很大的商品，一直都激不起業內人士的興趣，無法在交易所交易。煤炭交易已經有幾百年歷史，但是買賣煤炭的人喜歡在沒有組織的市場中進行交易。

早在一九七一年，能源價格開始急劇上漲的前兩年，量子基金就開始投資石油和天然氣。我的研究顯示，油氣即將出現嚴重的短缺。當時我收到一家公司的公開說明書，這家公司計畫發行三十年期的債券，以便開發一條天然氣管。這家公司在公開說明書裡指出，當時該公司的天然氣蘊藏量能供應八年，因此你必須假定，除非情勢變化，否則八年後就不會有天然氣流進這條管線。這個產業多年來的天然氣蘊藏量一直下降，主因是鑽採天然氣賺不到什麼錢。

一九五六年，美國最高法院裁定：聯邦政府制定流進跨州管線的天然氣價格做法合法，政府訂定的價格很低（到一九七一年仍然如此）。一九五六年我十四歲時，對最高法院一無所知，但是對美國西南部的油田並非毫無所悉，我仍然記得和父母一起開車，從阿拉巴馬州到奧克拉荷馬州外婆家，經過路易西安那和德州的鑽探油田時，看到處處火光閃閃，火焰從鑽探機台往上噴，因為石油業者在抽取石油時把天然氣燒掉，天然氣的價格很低，低到不值得保留下來，當時油價也很便宜，利潤卻豐厚多了。

當時我對這一切當然都不了解，但是一九七一年我收到這家管線公司的公開說明書時，油田火光熊熊的記憶仍然歷歷在目。我細讀這家名叫賀美利奇潘恩公司（Helmerich & Payne）的大型鑽探包商年報，該公司從事這一行已經幾十年了，他們研究指出，美國鑽井機台數目每年減少，已經連續減少十五年。從一九五六年開始，天然氣和石油公司似乎穩定的在動用蘊藏量，我覺得美國已經面臨嚴重的能源問題，推而廣之，全世界也一樣。

我去拜訪這家公司的董事長，他把二十九歲的我拉到一旁說：「你聽我說，這一行是悲慘的行業，我只是想警告你，我在這裡經營是因為這是我們的家族事業，所以我不會離開，但是你真的不應該投資這個行業。」從我仔細研讀的年報中發現，這個產業的衰退是他們公司無法控制的事情。因為鑽探油氣無利可圖，鑽探機台的數目長期下降。但這一點讓我更興奮，我所到之處都可以看到油盡燈枯的景象。

於是我們大舉出手，投資所有油氣產業。

我把我們的研究、進行投資的事情，告訴一位在基金公司服務的朋友，他卻反駁我的分析。這位朋友念過哈佛商學院，而且隨時把哈佛的象徵別在袖口上。幾年後，一九七三年以阿戰爭結束後，石油輸出國組織（OPEC）阿拉伯會員國發動的石油禁運結束後，他和我又在無意間碰面。

「天啊，你們這些人真的很幸運，不是嗎？」他說。

「你到底是什麼意思？」我說：「我告訴過你會發生這種事，我告訴過你這種事情一定會發生的原因，結果真的發生了，你現在卻說這是運氣。」

「如果不是因為戰爭的關係」，他堅持說：「價格一定不會上漲。」

然後我又得把一切再教他一遍。

我指出，禁運已經取消五個月，油價卻繼續攀升。我提醒他，石油輸出國組織早在一九六〇年就成立，石油部長每年都開會，每年都會提高油價，市場卻嘲笑他們，看著油價下跌。但是到了一九七三年，他們提高油價時，油價卻在高檔定住了，為什麼？因為短缺已經出現，沒有人鑽探石油，備用油即將用完，大家大舉投資，市場起了反應，東西就漲上來。

當時基本面很正確。你可以整天投資什麼標的，但是除非基本面正確，否則投資不會有什麼成果。搞對基本面，利多就會不斷出現，這樣是幸運嗎？**如果你希望自己變得幸運，就要好好做功課。**

巴斯德（Louis Pasteur）說的好：「幸運只照顧做好準備的人。」

JIM ROGERS
羅傑斯語錄

我對全世界的好奇心永遠無法滿足，
我尋找所能找到的任何資訊。

背離凡俗之見

我注意以阿戰爭爆發幾天後，埃及空軍就把以色列軍機大舉擊落，肅清領空，我覺得這點沒有道理，以色列空軍優秀多了，於是我努力尋找原因，得知原因是埃及人部署了蘇聯人提供的先進電子戰設備。於是我跳上飛機，開始拜訪全美的國防包商。

當時陷入破產狀態的洛克希德公司（Lockheed，為了和波音公司競爭而過度擴張，卻以失敗收場），以先進開發計畫事業處聞名，這個事業處設在加州，大家比較知道的名字是臭鼬工廠（Skunk Works），工廠裡的工程師為美國國防部推出精密武器。我研究洛克希德和諾斯洛普（Northrop）公司，也飛到華盛頓，發現國會中的鴿派議員都贊成國防部花錢買先進電子戰設備，例如跟我談過話的威斯康辛州民主黨籍參議員普洛斯麥爾（William Proxmire）就是其中一位。

因為越戰接近尾聲，政府的國防支出遭到壓力，當時的國防工業股情況慘澹，有些國防工業股的股價只有一、二美元，加上我的研究顯示這些股票極為便宜，因此我們開始大舉買進這種股票。

這時，紐約有一群自命不凡的年輕投資專家每個月集會一次，共進晚餐，推薦投資標的，也跟大家分享他們的看法，他們邀請我參加其中一次的聚會。我聽過其中一些人的名聲，非常興奮的去參加聚會。當我說明我們為什麼持有股價大約只有二美元的洛克希德公司時，我記得長桌另一端有一個傢伙，用舞台上那種高聲語調的方式宣稱，他覺得我十分荒謬，他多麼看不起這種投資策略，因為他當時經營少數幾檔避險基金中的一檔。理論上，他應該是比較高明的高手，也因為這是我第一次跟這些傢伙共進晚餐，讓我覺得非常難堪。

他叫做華特佛（Bruce Waterfall），年齡跟我相仿，他的公司叫做摩根華特佛公司（他已經在二〇〇八年去世）。隨後幾年，洛克希德的股價漲了一百倍。我會記得華特佛的反應，是因為後來我每次暢談投資標的時，都會碰到這樣的反應。

索羅斯和我操作量子基金時，樂於背離凡俗之見，放空大家認為極為穩定、買進長抱型的大型成長股，這些股票號稱「績優五十股票」（Nifty Fifty），本益比高達一、兩百倍，所有的銀行、共同基金都會買進這種股票。我們放空英鎊，一九八〇年黃金價格扶搖直上，我們也放空黃金。

這幾年是我們光榮、刺激的歲月，每年都成長，但這幾年是空頭市場的時刻，每一個人都認為華爾街是可怕的地方。一九八〇年，量子基金經營十年後，投資組合成長了四二〇〇%。這十年裡，標準普爾五百指數（S & P 500）上漲四七%，大約跟家母在銀行的存款利率的漲幅相當。

04 打敗空頭市場

這麼多年了，我反覆宣稱的一件事就是打算騎著摩托車環遊世界，我也藉著這種方法告訴朋友，我有冒險的意願。

空頭對市場有益

一九七〇年代中期，我參加投資經理人塔爾（Jeff Tarr）夫婦在紐約中央公園西路舉辦的酒會。塔爾夫人問我做何營生，我告訴她在華爾街工作，她的反應立刻露出同情的樣子。

「唉」，她說：「你一定很痛苦。」

當時市況很糟糕，差勁的光景已經延續好幾年，而且不妙的是，此狀況還會延續下去。一九六四年，道瓊工業指數以八百點封關，到了一九八二年，道瓊仍然只有八百點，這還是經歷了十八年創紀錄通膨後的水準。

「不會的，」我安慰他說：「情勢非常美妙，我在放空（I'm short，另一個意思是我很矮）。」

她打量我全身上下，表情清楚顯示她正在想著：「我看得出你很矮，你這個笨蛋，但是這一點跟什麼事情有關係呢？」

我身高約一六七公分，過去某一段時間，我的確有「比上不足」的感覺，但當時的感覺早已成為過去。我心中的不安全感在進陸軍服役時完全消失，我在預備軍官學校同梯次中是最矮的人（我們是按照身高排隊），但是我卻以同梯中成績第一的佳績領先群倫。後來，我在財務與愛情的獨立與成功，創造出一番成就，使我的身高問題變得更不重要。我記得曾經提醒身高約一七八公分的女友邰碧莎（Tabitha），不要對自己的身高覺得不安，要直挺腰桿，不必擔心她比我高很多，我還說明為什麼她再也不必擔心自己的身高。

當時的避險基金很少，知道避險基金用放空來規避投資風險的人相當少，當時並非只有塔爾夫人不熟悉這種做法，認為這種觀念很神祕的人很多，其中一位是尼克森總統，屬下對他解釋放空時，他譴責這種行為違背美國傳統。他不是歷史上第一位認為這種做法不愛國的領袖，拿破崙曾經以叛國罪把放空的人關起來。

例如，大部分人以十元買進股票，以二十五元賣出股票，靠著買賣賺錢，放空賺錢的程序正好相反，你以二十五元賣出股票，然後以十元買回來。首先，你沒有股票怎麼能夠賣出？你要向別人借股票。例如我到摩根證券（J.P. Morgan）貸一百股股票，再以行情價二十五元賣出，我賣出這些股票是因為我認為這些股票的價值會下跌，因此這些股票跌到十元時，我會買進一百股還給摩根，摩根拿回一百股賺到利潤，世事如常進行。

JIM ROGERS 羅傑斯語錄

放空會增加流動性與穩定性，市場需要買方和賣方，沒有賣方的話，股價可能漲翻天；如果沒有買方，股價會崩盤。

事實上，放空是市場不可或缺的東西，放空會增加流動性與穩定性，市場需要買方和賣方，沒有賣方的話，股價可能漲翻天；如果沒有買方，股價會崩盤。假設每一個人都捲入網路公司狂潮中，希望買進思科公司（Cisco）之類的股票，思科的股價會從二十美元漲到八十美元，空頭開始進場，接著思科可能漲到九十美元，要是沒有人賣空，思科應該會漲到一百一十美元。要是沒有人放空，應該會完全沒有賣方、完全沒有流動性，情勢會失控，空頭有助於減輕瘋狂狀態。

假設放空的人做錯了，他們必須回補空頭部位，立刻就會被迫出場，股票還是會漲到應該漲到的價位。但是假設放空的人做對了——順便要說的是，空頭的紀錄勝過華爾街大部分人——股票開始崩盤，每一個人都陷入恐慌狀態、急於退場、全力賣出，但是股價崩盤時，不會有人願意買進。噢，實際上還是有一群買主，就是空頭。他們必須買回股票，必須償還借來的股票，必須回補自己的空頭部位。因此股票崩盤時，不會跌到原來應該跌的那麼重，例如原本可能跌到三美元的股票，可能只會跌到八美元。

因此空頭對市場有益，他們會解救你，讓你不會用一百一十美元的高價購買即將墜毀的股票。如果你在頭部買進，你可能會用九十美元價格。你拋售股票時，因為有空頭的關係，你可以用八美元的價格出場，而不是只能賣到三美元。放空已經流行大約四百年，因為市場一再考驗放空，已經證明這種做法很有價值。

對幾個世紀以來把放空當成代罪羔羊的政客來說，事實證明放空是很有用的東西，情勢急轉直下時，政客可以退一步指責邪惡的投機客。股市從一千點跌到五百點、大家紛紛失業、破產處處可見時，沒有一位政客會說：「我的天啊，我把事情搞砸了，我要辭職。」政客不會這樣做，這一切都是華爾街邪惡空頭的錯。

二〇〇八年，我接受國家廣播公司商業台（CNBC）專訪時，大家都知道我已經放空房貸業者房利美（Fannie Mae），我談論這件事已經有一、兩年，說房利美是騙局，即將崩潰。我在二〇〇四年出版的拙作《羅傑斯教你投資熱門商品》（*Hot Commodities*）中寫道，房利美和房地美（Freddie Mac）兩家公司都即將爆發醜聞。到了二〇〇八年，房利美的股票果然從六十美元崩盤，陷入破產狀態，當時股價跌到二十美元，專訪我的一位記者卻認為這檔股票崩盤是我的錯。我要提醒你，他是財經頻道的記者。

「你聽我說」，我儘量客氣的告訴這位記者：「如果你真的認為房利美會暴跌是空頭造成的，其實你應該換個工作。」

我本來就預期一般人會不了解某些事情，就像我所說的，不是每一個人都熟悉放空，但是電視台財經記者居然這麼無知，讓我覺得驚訝。空頭不是原因，空頭只是傳達訊息的信差，因此空頭揭發過很多重大弊案，犯罪企業安隆（Enron）只是空頭指認出來的弊案中比較有名的案例。

這種事不是世界末日

放空不是華爾街一般玩家能夠玩的遊戲，放空需要的知識比較多；需要更認真的做功課，只有消息靈通的人才能玩。例如，你以十美元買進一檔股票，股價可能跌到零美元，你只可能損失百分之百的資金。但是以十美元的價格放空一檔股票，理論上你的虧損沒有限制，股價可能漲到二十、三十、四十、五十美元，甚至可能漲到一千美元。如果你判斷錯了，放空可能在非常短的時間內讓你損失慘重。

我在投資生涯初期曾經因為放空，虧到一文不名。

一九七〇年時，我斷定股市會崩盤，就拿出所有的本錢買進賣權。賣權是一種選擇權合約，就是讓我有權在一定的期間內以一定的價格賣出的期權合約，這樣做可以用放空所無法做到的方式限制我的虧損。要賣出賣權，你必須付出溢價，但是如果情勢真的惡化，你也可以得到更高比率的融資。五個月後股市崩盤，已經生存幾十年的企業紛紛倒閉；這是一九三七年以來最嚴重的崩盤。市場觸底那天我賣出賣權，你也可以說我獲利回補，連本帶利賺了三倍。

這時的我是趾高氣揚的年輕小夥子，認為知道自己在做什麼。我說，噢，我現在要做的事情就是等待，因為市場會反彈。我不知道自己當時是否擁有超出年齡的智慧，但是市場果然反彈，等了兩個月後我獲利回補賣權，開始放空。我決定不要再付出溢價，只想簡單的放空，我放空了六家公司，預期股價會進一步下跌，兩個月後我賠得一乾二淨。

因為這些公司的股價繼續上漲，我被迫不斷的回補空頭部位，因為我的證券商帳戶裡沒有足夠的資金，不能支撐我到價格開始下跌的時候，我沒有放空所需要的雄厚財力，我沒有支撐下去的財力。不能說是……，好吧，是他們錯了，我的判斷正確。我必須翻轉自己的部位，虧掉我所擁有的一切。我被迫在欠錢之前回補，這點和華爾街有關，如果你用融資買賣，券商會在你欠錢之前反轉你的部位，他們總是確保自己受到保護。

隨後的兩、三年裡，我放空的這六家公司全部破產，我是天才，這點讓我心裡想到：「如果你這麼聰明，為什麼你沒有發財？」

JIM ROGERS 羅傑斯語錄

放空不是華爾街一般玩家能夠玩的遊戲，放空需要的知識比較多；需要更認真的做功課，只有消息靈通的人才能玩。

這是聰明卻無法發財的絕佳例子，我極為聰明，卻賠得一乾二淨，我不知道市場居然有這麼大的力量。

我發現華爾街沒有真正的格言，只有一句大家誤以為是凱因斯（J.M. Keynes）說的話是例外：「**市場維持不理性的期間，可能比你財力所能支持的時間還長。**」

順便要說的是，凱因斯既聰明又富有，他是歷來最偉大的股市投機客之一，也負責管理劍橋大學國王學院的校產基金和自己的本錢，他幾乎把所有的時間都用在投機上，而且操作非常成功。一九四六年他去世時，留下的財產超過五十萬英鎊，等於今天的一千六百萬美元以上。

我很聰明，卻聰明反被聰明誤，虧光一切。

這次經驗對我很有價值，知道自己對市場的了解多麼微不足道，也因此更了解自己。後來我在哥倫比亞大學短期任教，會跟學生分享這個教訓。我會告訴他們，不要擔心失敗，不要擔心自己在人生之旅中會犯錯，虧錢是好事，至少要虧光一次，最好是虧光兩次。但是如果你要把錢虧光，最好在你生涯初期虧掉，擁有兩萬美元時虧光一切，勝過擁有兩千萬美元時虧光一切，要早早體驗這種事，這種事不是世界末日。

虧光一切可能是有益的經驗，因為這種經驗會告訴你自己不知道的東西有多少，如果你能夠從一、兩次失敗中東山再起，長期而言你可能會更成功。無數的故事說明非常成功的人曾經失敗一次、兩次、三次，然後東山再起的事蹟。紐約市長彭博（Mike Bloomberg）曾經遭到薩羅門兄弟公司（Salomon Brothers）開除，這是他所碰過最好的事情，他因此創辦自己的公司，經營財經資訊的流通，現在他是世界上的富豪之一。如果你能從失敗中學到教訓，失敗沒什麼不好。

我放空這六家公司時，犯了一些比較明顯的錯誤，其中一個錯誤是假定每一個人都知道我所知道的事情。我進場的時機實在太早了，後來我學會等待，或是至少無論如何要設法等待。但是狂潮可能升到令人無法置信的水準，我發現自己不善掌握時機，看出每個人突然間知道情勢已到瘋狂程度。

學習正確的思考方式

如果你今天在曼哈頓參加雞尾酒會，一定很難找到不知道什麼是避險基金，或不知道什麼是放空的人。這是因為金融業的避險基金和共同基金成長驚人，也是一九八〇和九〇年代多頭市場的結果，這波多頭市場促使擁有退休帳戶的美國人都在觀察市場。根據投資公司協會（ICI）的報告，二〇一〇年時，全世界大約有七萬檔共同基金，其中超過七千五百檔基金設在美國。根據二〇一一年蓋洛普（Gallup）調查，五四％的美國人有投資股市，金融海嘯前的二〇〇七年，這個數字高達六五％。

超過一半的美國人把錢投資在市場上，但讓人震驚的是，知道自己在做什麼的人少之又少，完全不知道自己在做什麼的人非常多。難怪他們會虧錢。對投資一無所知，還大舉投資，期望賺大錢。我對他們的建議是：把錢放在銀行，賺一％、二％的利息，這樣做勝過虧掉一％、二％的利息。如果你不相信我的話，試著這樣做幾年，保證會看出其中的差別。

大家經常問我該投資什麼，我總是用同樣的話回答他們。我說，別聽我的話，不要聽任何人的話，**若要成為成功的投資人，唯一的方法是只投資自己非常了解的東西**，不管是汽車、時裝，還是其他商品。你一定會對某些東西很了解，如果真想不出來就注意自己的日常生活，譬如走進診所時會拿什麼雜誌來看？打開電視機時會看什麼節目？你就會很快了解自己對什麼東西感興趣，真正了解什麼東西。

你現在已經做好準備，可以成為成功的投資人了。如果你對汽車很感興趣，就要盡己所能的閱讀與汽車工業有關的報導。你會知道重大、有利的變化什麼時候會出現，接著要追蹤、研讀更多跟自己所發現情勢有關的素材。例如，業者可能正在開發新的燃油噴射系統，會比目前使用的系統優異，成本又比較低廉，你就會知道這種系統開始量產後一定會取得很高的市占率，更進一步的發展也可能是新高速公路之類的建設，譬如大家可以開車到過去不可能到達的地方，或是沿線開起旅館與購物中心。

你應該採取下面這種基本策略：小心保有你已經知道的知識，還要擴大這種知識。要是有人打電話來說：「哦，天啊，現在有一種非常好的新電腦程序……」不要理會這種話。你對電腦一無所知，汽車才是你知道的東西，你要專心注意自己所知道的東西和所看到的任何變化。屆時，你看出重大變化出現的時機會比我早，也會比華爾街任何人都早，因為汽車是你的最愛，是你坐下來時一直在研讀的東西。

你必須學習正確的思考方式。這一點是新的、不同的，是方向上的改變。凡是新的、不同的事物，將來都會帶來影響。你必須學習前瞻思考，好事出現時，你會比華爾街任何人都早先知道這就是買進的時機，也會早先知道什麼時候應該賣出，因為你比其他人早幾年就已注意到的重大變化，已經開始反轉了。譬如，有人正在製造更便宜的產品、中國人正在生產更好的產品、競爭已經更劇烈，你會比華爾街任何人更早知道，這是賣出的時機。

JIM ROGERS
羅傑斯語錄

別聽我的話，不要聽任何人的話，若要成為成功的投資人，唯一的方法是只投資自己非常了解的東西。

假設你已經這樣做了，投入於自己深感興趣和熱愛的事情，利用知識保持關注自己所知道的事物，還繼續擴大這方面的知識，而且創造驚人的成就。十年後，你賺到十倍的利潤、決定賣掉，但這時正是危險的時刻，因為這時你認為自己很聰明、很在行，自認投資很容易。這時的正確做法是，拉開窗簾、看看窗外，到海邊或做其他事都好，就是不要考慮跟投資有關的事情，因為現在是你最脆弱的時刻。也許你會說：我找到別的東西，我必須再來一次。這樣太好了，這種事情太容易了。你的想法就像我用賣權、連本帶利賺到三倍時一樣。

這是大家都會犯的重大錯誤。有時候，什麼事都不做反而是聰明的做法。事實上，最成功的投資人大部分時間什麼事都不做。**不要把波動和行動混為一談，要知道什麼時候應該坐下來等待**（我現在就是坐著等待。）你十年前買了一檔股票，接下來什麼都不做。你無所事事，只是看著情勢發展，什麼都不做，只是注意變化，這就是你會賺錢的原因。你把股票賣掉後，什麼事都不做同樣重要，只要耐心的等待，等到你看到錢躺在角落的時候為止。

如果你在房子四周走動，看到錢躺在角落，只需要走過去把錢撿起來。不是嗎？這就是你應該做的投資。根據自己的豐富知識，認為絕對有把握、標的又極便宜、買進這種東西就像走到屋角撿起鈔票一樣萬無一失，這時才採取行動。成功的投資人就是這樣做，不會經常變來變去。巴菲特（Warren Buffett）的持股很少變化，我研究長期趨勢後，會延續很多年而不太改變投資部位。

如果我告訴你，一輩子只能投資二十五次，那麼你對投資就會極為慎重。大部分人都會三心二意，他們必須這樣做、那樣做，必須東聽一點小道消息，西聽一點小舅子告訴他們的信息。如果你做短線、做當日沖銷，這樣當然沒有問題，你可以繼續這樣做，但是成功的短期當沖客少之又少。另一方面，如果你是投資人，如果一輩子只能投資二十五次，就應該儘量慎重，這就是投資人賺錢的方法。

要投資股票、債券、商品或任何標的，都必須開立券商帳戶或投資帳戶，這點表示你必須找到一家券商和營業員，你只需要知道券商或營業員財務是否健全就夠了，你不希望尋求他的建議，因為他對你希望購買的標的所知不多，他甚至沒有聽過你要買的標的。請記住，你是第一個知道這件事會變成利多的人，告訴營業員你要買一百股、一千股某某公司的股票，然後就坐下來等待。你必須持續不斷的確認你的研究、確認你原始的見識，因為股價會不斷的跳動，世事總是會變化。你必須保持警覺，持續不斷的評估你最初的決定是否正確。

判斷，現在比任何時候都重要。如果兩百年前智利爆發革命，我們可能在三到六個月之內不知道銅價會受到影響，要到船舶進港、船上沒有裝銅時才會知道。智利是銅礦生產大國，如果你當年有辦法，能夠判斷智利會爆發革命，不但可以從銅上賺到大錢，也可以從受銅價影響的所有東西上賺到大錢。信鴿飛到倫敦，為羅思齊（Nathan Rothschild）帶來威靈頓公爵在滑鐵盧大勝拿破崙的消息，為歐洲這個著名的銀行業家族帶來重大的財務利益。如果你能夠早早拿到資訊，就可以賺很多錢，但是前提是你要知道怎麼利用這種資訊。今天我們幾乎在片刻之內就會知道所有資訊，每一個人大致都在相同的時間得到相同的資訊，判斷就成了賺或賠的關鍵。

如果你希望賺很多錢，就要抗拒分散投資的觀念。營業員會推廣分散投資的觀念，但是他們這樣做主要是為了保護自己。如果你買十檔股票，其中若干股票的表現不錯，就不會破產，但是你也不會賺很多錢。即使你的表現很好，七檔股票上漲、只有三檔股票下跌，你的表現優異，但是這樣的好表現還是不會讓你發大財。**要發大財的方法就是找到好標的，好好鎖定，集中財力投資下去**，但是一定要非常確定你的做法正確，因為這樣做也是走向破產的快速道路，所以營業員會叫你分散投資，以免你破產後告他們。

如果你希望致富，就要找一些好標的投資下去。如果你在一九七〇年買進商品，持有十年，到一九八〇年時把商品賣掉再買進日本股票，然後在一九九〇年賣掉日本股票再買進科技股，在二〇〇〇年時賣掉科技股，你現在會富可敵國。但是，如果你在一九七〇年時分散投資，只買進股價指數，這三十年內應該不會賺到多少錢。不錯，你可以分散投資，你會很安全，但是不會發大財。希望賺很多錢的投資人要密切注意自己了解的標的，不要變來變去，投資的次數要非常少，投資的方式要集中。這樣做的缺點當然是，如果你沒有自己所想像的那麼聰明，又虧掉一切，會變成窮光蛋。

但就像我說的一樣，不要聽我的話，要密切注意你自己了解的標的。

睜大眼睛用心傾聽

沒有什麼東西能像多頭市場一樣，讓大家認為自己很聰明，令人驚異的是，有非常多人誤以為在多頭市場賺錢是因為自己很聰明。我剛進入華爾街時很幸運，碰到兩位非常好的老闆，其中一位是傳奇性交易員紐柏格（Roy Neuberger），他經營紐柏格柏曼公司（Neuberger Berman），我跳槽安諾布雷許洛德公司前，曾經在紐柏格的公司服務一段相當短的時間。我記得他說過幾位離職員工的故事：他們為公司賺了很多錢，後來卻

JIM ROGERS
羅傑斯語錄

我研究長期趨勢後，
會延續很多年而不太改變投資部位。

虧了很多錢，原因是他們從一開始就不了解自己為什麼會賺錢。

他們會賺錢，當然是因為一九六〇年代末期，科技股重大狂潮造成的多頭市場。他們真以為自己是聰明人，應該賺到錢，但事實是，他們根本不了解市場，沒有歷史眼光，對市場的起起伏伏沒有直覺。

所有的大型多頭市場、長期多頭市場，最後結束時都會形成泡沫。每一個人都追逐凡俗之見，追隨他們在報章雜誌上看到的東西，這樣就為精明的投資人帶來大好良機。同時，因為泡沫中沒有規則可循，這種情形使大家的波段操作變得更為困難。有一本相當風行的書探討這個主題：《異常流行幻象與群眾瘋狂》（*Extraordinary Popular Delusions and The Madness of Crowds*）道盡一切。這本書的作者是馬凱（Charles Mackay），第一版在一八四一年出版。從十七世紀荷蘭的鬱金香狂潮、南海公司泡沫、一世紀後發生的密西西比土地醜聞，到幾年前發生的網路公司與房地產泡沫。所有的泡沫看起來都一樣。

同時，每一個人都認為當時的情勢相當理性，大家認為這些東西的價格都很適當，還會繼續上漲。這就是家母打電話給我，說她希望投資的原因，她認識的每個人都在談論當時正熱門的股市。我問她為什麼想買股票，她說：「噢，因為過去一年來，股票漲了三倍。」

我告訴她：「不對，媽媽，你不應該這樣做，不能因為股價已經漲了三倍就買進，你應該在股價上漲三倍之前買進。」

但是，泡沫就是這麼一回事，價格上漲是因為價格會上漲。從某個角度看，在多頭市場中你需要的是年輕、不知道自己在做傻事的小夥子，需要的是會急匆匆衝進泡沫、利用愈來愈高的槓桿倍數的小夥子，像我這樣的人幾乎不會賺到這麼多錢，因為我們看得出情勢會怎麼發展，但年輕小夥子不知道自己為什麼會賺錢，這點就是他們賺這麼多錢的原因。

我們這些人經驗豐富，或是具有足夠的智慧，知道這種情形最後的結局會很淒慘，你想要的是沒有什麼經驗、沒有足夠智慧、願意冒很大風險的小夥子。但是你必須夠聰明，知道什麼時候應該退出。然而，你也可能受到小夥子缺乏知識與經驗的傷害。這樣做當然很難，情勢惡化時，你的確不希望這種小夥子還在場，總之，這時這種小夥子很可能已經出局了。

紐柏格在一九二九年春季入行，到華爾街服務時才二十四、五歲，當時設法藉著放空美國無線電公司（RCA），規避手中績優股下跌的風險，能熬過一九二九年十月的大崩盤。一九三九年，他創立紐柏格柏曼公司，每天進辦公室直到九十九歲。二〇一〇年，他以高齡一〇七歲去世時還在進行交易。

他曾經告訴我，他深思熟慮後認定，華爾街像他從事過的製鞋業一樣：你買進很多鞋子，提高鞋子的價錢，然後把鞋子賣出去。你不會安坐不動，抱著鞋子幾十年、甚至幾個月，股價上漲就把股票賣掉。他會買進股票持有一天、一星期，對他來說，長期持有的意思可能是一、兩個月。他是華爾街高明的營業員，後來一度成為瓊斯公司的交易員。

我進入這一行時，瓊斯公司在這一行已經二十年，瓊斯和紐柏格柏曼是大家不斷談論的兩家公司，因為紐柏格和瓊斯比其他人精明多了。我為股市老手紐柏格服務前，曾經在吉爾德（Dick Gilder）手下工作，吉爾德是新一代自命不凡的年輕人，他的吉爾德公司主要投資成長股。我從他們兩人身上學到很多東西。

就像我經常向年輕人解釋的一樣，擔任助手讓我受益良多，我從密切觀察別人的過程中學習。世界上沒有在職訓練之類的事情，很多人進入就業市場時，認為自己如果能夠設法從學徒身分扶搖直上，就代表自己表現優異。明智的做法是，**為人做事一開始要睜大眼睛、用心傾聽。**

雖然我從紐柏格、吉爾德兩人身上學到很多，但是我在兩家公司裡好像龍困淺灘。

在吉爾德的手下，我整天研究成長率；在紐柏格手下，我時時刻刻要注意股價波動。我是投資者，不是交易員，我希望低價買進股票，然後永遠都不賣掉。要在華爾街賺錢有很多方法，就像你做任何事情一樣，不管是從事音樂、藝術還是金融業，都必須找到自己的方法。我像紐柏格和吉爾德找到自己的方法一樣，走了出來，找到自己的方法。

合創量子基金十年後，又到了我該找自己出路的時候了。

我是多麼幸運

我十多歲時，就夢想功成名就，喜歡告訴願意傾聽的人，說我要在三十五歲時退休，開始享受自己在華爾街的成功歲月。我相當堅持這個計畫，還告訴朋友，這輩子打算從事好幾種不同的事業，我不希望自己七十五歲醒來時還坐在華爾街看著行情波動，我希望過很多種不同的生活。走這條路我可能賺不到很多錢，但是刺激一定少不了。

這麼多年了，我反覆宣稱的一件事就是打算騎著摩托車環遊世界，我也藉著這種方法告訴朋友，我有冒險的意願。這是我為自己定下的很多目標中的一個，現在時機已經成熟。古羅馬時代的監察官開克斯（Appius Claudius）說過：「每一個人都是自己命運

JIM ROGERS
羅傑斯語錄

希望賺很多錢的投資人要密切注意自己了解的標的，
不要變來變去，投資的次數要非常少，投資的方式要集中。

的建築師。」當時，我的所有成就和失敗都證實了這句話。今天，我環遊世界兩次以後，如果這句話對我還有什麼額外意義，很可能是因為提出這種看法的不是別人，正是闢建阿庇安大道（Appian Way）、開創條條大路通羅馬傳奇第一條的人。

我在一九七九年決定離開華爾街。在我的想像中，已經開始品嚐自己的自由日子。但是那年下半年，市場情勢非常艱困，我們的量子基金在投資遊戲中表現優異，像平常一樣賺了很多錢。因此我說不行，這種遊戲有太多樂趣了，所以我留下來，這時我已經三十七歲，年齡超過自己所訂的目標，但是我心理上已經準備退休，不會留下太久的，最後決定離開完全是一切都不再有趣了。

這一年，美國證管會調查我們投資電腦科學公司（Computer Sciences Co.）的案子。證管會宣稱，我的合夥人索羅斯涉嫌股票炒作，指控他放空這檔股票，然後在這家公司即將公開上市時，用比較低的價格買回股票，回補空頭部位。他得到簽署協議判決的機會，公司在這種判決中承認沒有犯錯，卻承諾將來不會再犯。我問他，如果我們沒有犯錯，為什麼要簽這種判決？為什麼要簽？為什麼讓別人認定我們炒作股票？他的回答讓我大吃一驚。

他說：「因為我就是這樣做嘛。」

我告訴他：「索羅斯，對我來說，我的名譽價值超過一百萬美元。」

他當時的回答我記得清清楚楚。

「對我來說不是這樣」，他說。

他開玩笑式的說這句話，但是意思很清楚：賺錢比交易中涉及的任何事情都重要。

一九八〇年春季，我注意到一系列的事件開始惡化，我們的優先目標出現不同的徵象。我不喜歡當時的變化，我們的規模愈來愈大，員工近十人、管理的資產超過二十五億美元，這種規模和我們創業時一千兩百萬美元的投資組合相比，似乎太多了。情勢愈來愈複雜，我不喜歡某些做法，也懷疑某些員工，我就是不希望冒這種險。

那年春天，所有的事情都開始湊在一起，當時我們還沒有發生過任何不尋常的事，我們只有幾個人和一位祕書，但是現在我可以看出來，我的名譽可能受損，甚至可能碰到更糟糕的狀況。我的感覺跟十五年前在牛津當舵手、收到家父轉寄來的信一樣，面臨同樣的倫理道德難題，這次我很快就知道爭論無法改變什麼，我試圖反對、提出質疑，卻徒勞無功，我只是資淺合夥人。因此我說，好吧，就這樣吧，我要照原訂計畫退休，追求不同的生活。

我離開量子基金符合家族裡的某種傳統。我還小時，祖母告訴我，說祖上有一個人曾經是美國工業家范德比（Cornelius Vanderbilt）的合夥人，他為了倫理道德問題跟范德比鬧翻。我念耶魯大學一年級時，宿舍就在范德比大樓。這棟大樓是范德比二世捐錢興建的，在一八九四年落成。我注意到，范德比沒有我祖上的幫忙，事業仍然經營的相當好。家父因為類似的原因，跟他哥哥切斷事業關係，看來我的做法是遵循同樣的傳統。

就像我說的，我在華爾街全天候工作，我就是這麼愛工作。在某一年美國國慶日週末的七月三日，大約七點時接到朋友麥克林（Burton MacLean）的電話，他是我在耶魯的同學，在美國歷史最悠久的私人銀行布朗兄弟哈里曼公司（BBH）服務。我們是至交好友，卻走上不同的人生道路。麥克林成家立業，跟太太夏洛特撫養四個小孩。他和我不同，有工作以外的其他優先目標。

「你為什麼不到海灘跟我們一起度週末？」他說。

「哦，不行，我在工作，我有些工作要做。」

他說：「明天是七月四日，你在鬼扯什麼？」

我說：「噢，我有很多工作要做，我得把工作做好，這樣我們才不會虧錢。」

我知道他替我覺得難過。

我離開量子基金時，最先打電話給麥克林。

他說：「我聽說你退休或是被人家炒鱿魚了，還是出了什麼事？」

我說：「我退休了，這輩子不必再工作了，除非我犯了錯誤。」

時間跑得比最親密的友誼還快，突然間十年過去了，接著三個十年也過去了，麥克林和我失去了聯絡，但是我仍然記得他那通電話，在我的心裡仍然可以看到他從家裡窗戶望出去，望著他的四個小孩和車子，不知道要到哪裡、付出多少代價，才可能找到時間、找到能夠讓他在三十七歲就退休的工作。我也知道自己多麼幸運，能夠找到自己極為熱愛、能夠排除萬難、努力追求的事情。

JIM ROGERS
羅傑斯語錄

所有的大型多頭市場、長期多頭市場，
最後結束時都會形成泡沫。

05 投資騎士

如果你希望了解一個國家，
跟黑市商人談話所獲得的資訊，
會多於跟政府部門首長交談。

伍茲塔克

一九六九年我剛到華爾街、第一次婚姻結束時，買了第一台摩托車，只有二百五十CC的BMW，要環遊世界馬力嚴重不足。我並沒有騎這台機車去創造歷史，而是騎去參加美國反文化歷史的一個重要時刻。

一九六九年夏季，我聽到預定在伍茲塔克（Woodstock）舉辦「三天和平音樂會」，但是我興趣缺缺，不想去找票。一直到我聽廣播電台報導，卡茨基爾山脈（Catskills）正在醞釀大事，才覺得興致勃勃，打算去同樂一番。因此我在八月十五日星期五下班後立刻跳上摩托車，直奔音樂會場。當時到處已經設立路障，警察不讓人接近那個地方，我騎車穿過民宅後院躲避警察，有一位婦女從房子裡衝出來對我咒罵。噢，我騎了三、四百碼後就爆胎，我猜那位婦人報了一箭之仇，但是我換了輪胎繼續趕往會場。

舞台四周都是圍籬，我把機車停在籬笆旁邊，維護安全的人員都穿著綠色夾克，上面印著一隻坐在吉他琴頸上黑底的白色鴿子。天氣熱極了，安全人員都把夾克掛在籬笆上，我從籬笆下方鑽過去拿了一件夾克穿在身上，走向舞台。當時那裡已經亂成一團，凡是有點主動精神的人都可以矇混過關。

整個音樂會期間我都待在舞台上，對自己的做法極為誠惶誠恐，不希望失去現在的位置、放棄這種特殊地位，因此我的行為非常謹慎小心。每隔一陣子總會有人想爬到舞台上，我會告訴他們：「不行，你必須退後。」我是負責任的保全人員、占了最好的位置，可以面對面看到現場表演。此外，我心滿意足，音樂會實在太棒了。當時雖然約有五十萬人聚在一起，卻沒有人認為這次音樂會是重要的歷史事件，但都覺得非常快樂，然後全都盡興回家。

音樂會一直持續到八月十八日星期一，但是我星期天下午必須回紐約，因為隔天必須上班（罕醉克斯（Jimi Hendrix）要到星期一早晨才上台，因此我沒有看到他的表演。）辦公室裡的每一個人都在討論伍茲塔克，這場音樂會已經變成重大新聞。

我主動告訴同事：「噢，我有參加。」

他們全都看著我，就像我很不乾淨一樣。

「什麼？你為什麼要做這種事？」他們想知道：「為什麼？這樣做很可怕。」

你可以說，這是我公然反抗華爾街凡俗之見比較早期的例子。

我仍然保有那件伍茲塔克夾克，會定期拿出來看，將來我會拿給女兒看，不過我認為這件夾克對她們的意義不會太大，她們可能會念到跟伍茲塔克音樂會有關的事情，她

JIM ROGERS 羅傑斯語錄

我十多歲時，就夢想功成名就，喜歡告訴願意傾聽的人，說我要在三十五歲時退休，開始享受自己在華爾街的成功歲月。

們的朋友會看到這種資訊，我女兒可能說：「噢，對了，我爸曾在那裡當保全人員。」

羅傑斯是傻瓜

環遊世界如果跳過中國和當時的蘇聯，根本就不值得一提。我離開華爾街和出門冒險之間，大部分的時間都花在設法取得這兩個國家的官方批准，等待兩國批准時我到學校教書。

我從華爾街退休後不久，在一場宴會上碰到哥倫比亞商學院院長波頓（Sandy Burton）。「你怎麼不來替我教一門課？」他說。

我告訴他：「我認為商學院對大家沒什麼好處，對想從商的人更是如此。」我一直謹記第一個暑假工讀期間，在華爾街上聽到多明尼克公司資深合夥人的建議，他告訴我，上商學院會浪費時間。我現在像他一樣，相信念商學院不會得到什麼好處，那年夏天我在交易檯上所學跟市場有關的資訊，比花兩年念美國任何商學院所獲得的知識還多。

「我真的沒有興趣教書」，我告訴他：「而且，我可能也不會教書。」

「不管啦」，他笑著說：「為什麼不來替我教一門課呢？」

我退休後決心做兩件事，就是學打網球和壁球。我住的地方離哥倫比亞大學只有幾條街遠，哥倫比亞大學有一個非常好的體育館，但是除了學生之外，只有校友、教職員可以進去，我想，對於捐出一大筆錢興建新宿舍的外人，校方偶爾也會開例，因此我在宴會上碰到院長之後不久就打電話給他。

「我要告訴你我要怎麼辦」，我說：「我會教一門課，免費教一學期，但是我希望得到終生可以使用體育館的權利。」

不久之後他回電，讓我大吃一驚，他說：「好，就這麼說定！」

我以兼任教授的身分在研究所教一門課，我對教書一無所知，而且大約有十六年沒有涉足大學校園。學生平均年齡大約二十六歲，班上可能有十五個學生，全都有工作經驗，我告訴他們：「我要把你們當成像是我的員工一樣教這門課，我當一檔基金的研究部門主管、投資部門主管，你們當我的分析師，我會給你們一些公司做分析，我會教你們怎麼做。」

我告訴他們怎麼進行企業分析，我教他們試算表，請幾家大企業的董事長到課堂上，每次這樣做的時候我會坐下來，像基金經理人和分析師拜訪公司一樣，質問這位董事長，問我想問的所有問題，就像我想了解是否要投資他的公司一樣。然後我會開放時間給學生，讓學生問問題，課後的作業只有一頁，我不接受超過一頁的報告，也不接受遲交的報告。學生要根據報告上的資訊，針對這家公司的股票進行相關交易：買進、賣出、放空，或什麼事都不做。

幾星期後，我要每位學生選擇一種產業進行分析。學生可以自由選擇，但是要得到我的批准。假設你是我班上的學生，選擇當航空業分析師，我們要在班上所有人面前進行對話，你要告訴我你心裡的想法，要告訴我不管我是買進達美航空（Delta）、放空西南航空（Southwest），或是依據你的研究告訴我，應該採取何種行動，我要怎樣才能在航空業中賺到最多錢。每個學生都有三次機會，這門課就是這種上法。

我曾經對學生說明，這門課要以蘇格拉底式的對話方式進行，不過當時我還得對大部分學生解釋蘇格拉底是什麼人。他們都說我是嚴厲的工頭，要求非常嚴格，分數也打的很嚴，最後還當掉一位學生。我說：「你們聽著，如果每星期我要花幾小時來這裡教你們，希望你們也花時間讓我覺得教你們是有意義的。」學生抱怨連連，說其他課都沒有這麼難，還要求他們要努力用功。

有人提醒我蘇格拉底的結局：大家把他毒死。學期末了，教學評鑑出爐時我坐在院長辦公室，預期會得到最差的分數，但看到評鑑表時我喜極而泣，我獲得最美好、最溫暖的回報。從來沒有人把我說得這麼好：「我上過最好的課……你要盡一切力量挽回他……」我的得意忘形把學生逼到快發瘋，最後他們卻如此喜歡我。

教書很有趣，比我預期的有趣多了！我告訴自己：好吧，再教一次。我一共教了四、五個學期，一九八七年股市崩盤時我還在教書。當年十月十九日星期一是我的生日，那天我預測股市會崩盤，但是真的沒有料想到災情會這麼慘重。美國股市在一天裡下跌超過二〇％。我不斷的大聲疾呼：市場漲過頭了！股市的確一直上漲、一直在加溫，我公開呼籲：某天你到華爾街上班後會發現，股價指數下跌三百點。但是實際的情形更可怕，股市暴跌五一二點，是美國史上跌幅最大的一天。因為我已經放空股市，從某一個角度來說，這一天是我度過的最好生日。

因為人人都知道我預測股市會崩盤，媒體紛紛報導，電視攝影小組跑到我的課堂。商學院的布告欄貼了一份報紙報導，裡面引述我的話，有位教授卻把它撕下來，他是教股市課程的老師，在股市迅速上漲到崩盤前一直告訴學生：「羅傑斯是傻瓜，他根本不知所云，他甚至沒有博士學位。」他當然很不快樂。

JIM ROGERS
羅傑斯語錄

大學教授的工作最像不被要求表現的政治任命，
或像身在無所事事而由眾人盤踞的工地。

美國的大學有麻煩了

我認為只有少數人敢宣稱，今天美國的中學教育是世界上最好的。事實上，大部分人認為今天美國的小學和中學教育沒有希望了，但是這些人會堅持美國的高等教育無人能及。

或許過去有一段時間的確是這樣。以前美國的大學是最傑出的教授落腳地，最好的教授會出人頭地。但是出現終身職教授制度後，宛如是學術界的旋轉木馬，人人都有中大獎的機會。教學傑出絕對不是取得終身職的好方法，發表論文、從事研究也不是，好方法是要在校園裡勾心鬥角才能獲得終身職。大家為了爭取終身職，經常把教學視為會讓人分心的工作。我記得有一位教授曾經告訴我：「這種日子真好，可惜學校有這麼多學生。」

在最糟糕的情況下，終身職制度成為無能老師的庇護所。美國學術界由終身職教授控制，他們會做研究也會上圖書館，但大部分人不會公開表示，學生跑去找他們課外協助、表達對自己的分數不滿、呈交必須批改的報告，都會妨礙大學教授的真正工作。

世界上沒有一種行業只要工作七年就能獲得終身保障，只有大學例外。醫師、律師事務所合夥人，都要交出成績，但只要取得大學終身職教授，三十五歲時你就不必證明自己的能力，除非你燒掉大學、犯了謀殺罪，否則就能擁有終身保障。大學教授的工作最像不被要求表現的政治任命，或像身在無所事事而由眾人盤踞的工地，如果我是專任教授，一整年只要一週工作五小時就可以盡到義務。

在美國教育史上，學術界的終身職是相當新穎的發展，背後的原因：學術自由，今天聽起來有點可笑。會計學教授必須有終身職保障，才能保護他在課堂上自由發表政治觀點嗎？物理學教授需要這樣嗎？探討資產負債的政治信念時需要這樣嗎？討論自由落體的萬有引力時需要這樣嗎？教授彼此之間可能需要保護，但是這一點不是給予終身職的理由。

例外主義（exceptionalism）使美國各種教育變成當代的大泡沫，終身職制度是這種例外主義的一環。就讀普林斯頓大學一年要花五萬六千美元，這筆錢只是入門費，只包括學費和食宿費，還不包括搭飛機到那裡的機票錢，也不包括喝啤酒的費用。換句話說，讀大學四年至少要花二十五萬美元，而且費用年年上漲，再不久，學費就會變成我一九六四年上耶魯時的五十倍。

長春籐大學和史丹佛大學之類的名校都努力說服大家，就讀他們的學校值回票價，而且大家都相信他們的宣傳，就像人人都受房地產泡沫吸引一樣。你總是會找到「很好的」理由和「確實的」證據，投入流行的泡沫。三、四年內，就讀普林斯頓大學一年的基本費用會漲到六萬五千美元。

我就讀的耶魯和牛津都是名校，我熱愛念大學的每一分鐘，當時的日子過得非常好，上大學造就現在的我。但是，如果你只是希望受教育，都有機會向任何一所大學申請入學，現在每個人都知道這種事情了。這些名校現在銷售的只不過是標誌：名牌和標籤。經濟局勢變壞時，只有少數人能夠付得起這麼高的費用，換到這麼少的東西。

如果普林斯頓將自己定位為亞洲人上的大學，每年一定可以招滿能夠自行負擔所有費用的聰明外國學生。目前牛津大學每一年都可以招滿合格的中國學生，這些學生的家庭都樂意、而且相當輕鬆的拿出全部費用。但是必須貸款上學的美國學生出校門時，就要面對幾萬美元的債務。這些學校根據名聲所承諾的前途一點也不美好。根據美國破產法，助學貸款不能塗銷。美國人破產時，幾乎一切債務都可以塗銷，只有助學貸款不能，只有可能讓你踏上破產之路的這種債務不能塗銷。

如果情勢像現在這樣繼續發展，如果西方國家持續碰到很多問題，這些名校會非常難招生。隨著生活費用不斷上升，大學不斷提高學費，愈來愈多的美國人會繳不起學費，國外學生會在離家比較近的地方找到更好的名校。如果你看過去二十年公布的大學排行榜，就會發現很多亞洲大學第一次上榜，提供優秀的血統和優秀的教育，競爭已經出現。

此外還有科技發揮的影響。科技是今天學子的第二天性，如果你可以利用電腦，更有效的配合自己的時間學習，為什麼每星期有三天要早上八點起床，睡眼惺忪的去上西班牙文課？美國需要三萬名昂貴的終身職西班牙文教授嗎？普林斯頓大學的西班牙文教授教的西班牙文會比別人高明嗎？你可以上網，用更快、甚至更好，而且只花很少錢的方法學習西班牙文，會計學、物理學和微積分也一樣。

你需要的是好老師，為什麼不找一位非常高明的教授，不管他有沒有終身職，讓他在網路上教你這門課呢？為什麼不找兩、三位可以跟著學習的好老師，讓千百萬學生得到最好的教學呢？

對於一些高等教育學府來說，現在可能已經太晚了，美國很多精英大學現在都瀕臨破產。他們的費用結構無法支持下去，如果你的頂尖幹部一週只工作五小時或十小時，這樣子的企業你不可能經營下去。繼續經營下去的話一定會破產，尤其是在終身職制度的限制下更是如此，因為你在這種限制下不能開除任何人，甚至不能開除在這種制度保

JIM ROGERS
羅傑斯語錄

我就讀的耶魯和牛津都是名校，我熱愛念大學的每一分鐘，當時的日子過得非常好，上大學造就現在的我。

護下一開始就不努力工作的人。

除此之外，長春籐大學一向對勞工過度慷慨，因為他們不希望表現出骯髒資本家的樣子。破產本身是好事，我們從汽車工業已經看過這種事情，工作合約到期時，工會會活過來，汽車公司會退讓，資方只是不斷的把資產送人，最後導致汽車工業破產。

問題之一是，這些大學由學者管理而不是由企業家管理，以致於管理差勁，校產基金再也無法拯救他們。大部分大學的校產基金都是由虛假的資產構成，過去二十年，很多學校投資沒有流動性、沒有公開市場的資產，包括木材、不動產，造成最大傷害的主要投資標的就是私募基金。

很多金融機構在經濟泡沫期間持有所謂的第三級資產，這種資產的價值只不過是臆測性的，譬如房貸資產就是例子。這種資產的市值「比照模型訂價（按市值計價）」。如果你的電腦程式說，某種票券價值九六，你就在帳上記下九六的價值。穆迪（Moody's）和標準普爾兩家信用評等公司說，這種票券的評級是最優異的ＡＡＡ級，因此價值九六，但是我們現在知道，這種東西大部分都是垃圾，校產基金有非常大的部分是由這種東西構成。

哈佛大學和所有名校都一樣，自行管理的資金不多，自命不凡的私募基金經理人會跑去找他們，說：投資我們的基金。哈佛交給他一億美元，他離開後，把錢投資在新事業或併購企業，不管他做什麼都比照模型訂價，哈佛也接受他所說的數字，現在這位基金經理人具有抬高評估價值的強大誘因，就像房利美公司和花旗銀行一樣，就像利用模型訂價的每個人一樣，哈佛志得意滿的樂於接受這種數字。

這些人在多頭市場時都認為自己賺了鉅額的鈔票，於是大肆花費、為每一個人加薪，哈佛在波士頓買了大片的土地，耶魯也買了很多地。他們認為：「我們有這麼多錢，現在正是擴充的時候。我們可以大方花錢。」接著真相大白，他們全都遭到金融海嘯的打擊，有些名校開始借錢，根據自己崇高的名聲和AAA的評級，開始向大眾銷售債券，市場也吃這一套。

有幾家大學從創校以來，資產負債表上首次出現負債，他們必須負擔、償還債券債務，同時又有很多基金經理人利用融資建立投資組合，利用借來的錢購買資產，這是企業和機構陷入困境的典型例子。他們借錢時，大家都告訴他們不會有問題，接著情勢變壞，然後變得更壞，他們才知道這種情形會永遠存在，自己碰到了大麻煩。在學術圈，這種問題特別嚴重，因為他們不能刪減支出，因為他們有工會，還有終身職的教授。

另外還有很多不在帳面上的債務。比較離譜的一種債務是：學校必須為在大學任職超過十年的員工（不只是教授而已）的子女，支付大學教育費用。有三、四個小孩的員工代表未來超過一百萬美元的債務。而且，大學跟私募基金的交易可能需要持續不斷的出資，這種資金卻沒有表現在資產負債表上。景氣好時這點沒問題，但世局不好時就會變成負擔，校方需要更多錢以便因應。現狀是，很多大學都有這種千百萬美元的隱藏債務。

主持大學財務部門的某些人並非特別聰明，很多退休計畫的管理人也一樣，很多州和市的退休計畫已經破產，不管下次空頭市場什麼時候來襲（可能很快就會來襲），你會看到更多破產的例子。哈佛、普林斯頓、史丹佛之類有幾十年、甚至幾百年歷史的學府，了解自己的財務狀況多麼惡劣，宣布破產時會震驚世界。

二〇〇八到〇九年大崩盤時，很多學校面臨必須刪減支出的局面。他們一向都是動用幾個百分點的校產基金推動校務，例如動用五％校產基金，但是價值四千萬美元的校產基金因為崩盤，突然變成二千四百萬美元時，他們得開始尋找可以刪減支出的地方，但是已經把自己的最低費用提高，在資產負債表上已經舉借永久的債務，因此陷入更嚴重的困境，這時的做法是舉借更多債務，因為他們認為市場會好轉。他們告訴自己：我們擁有精明的經理人，他們跟我們保證情勢會大好。

我們看過這種局面很多次了。情勢開始惡化，大家開始覺醒時，通常已經太晚了，雷曼兄弟和貝爾斯登兩家公司就碰到這種情形。這種情勢當然有一個好處，就是我們終於可能廢除終身職的制度。亞洲的大學還沒有這些問題，還沒有驚人的薪水、驚人的工會債務和擔負終身職義務，他們會開始崛起。

即使現在泡沫破滅，美國的大學教育有一些重要的價值還是會保存下來。離開家門，和幾百、幾千位同樣十八到二十二歲青年一起生活和學習的經驗，會繼續保存下來。即使大部分的學術生活可以利用宿舍的電腦進行，但是體育隊伍、辯論社、社交活動等等，都會繼續維持，教室甚至可能保留下來，教學會透過衛星傳送，圖書館會消失，或是改建成網球場。

科技加上無法支持的離奇成本結構，會引發「創造性破壞」，全新的中心和學習方式會出現，就像整個歷史所顯示的一樣。我們都忘了，過去在摩洛哥、廷巴克圖、葡萄牙、義大利、亞洲，和無數其他地方舉世聞名的大學名字。

破產本身是好事，
我們從汽車工業已經看過這種事情。

電視主持人初體驗

我在哥倫比亞大學任教時，中國政府准許我騎機車橫貫中國。一九八八年我的中國之旅由美國公共電視台拍攝成紀錄片，取名《長征》（*The Long Ride*），作為該台「旅行系列」的一環。接著，我騎了五千公里的長路，暢遊巴基斯坦與印度。

我結束這次三個月的旅程回到家後，哥倫比亞大學商學院長告訴我：「噢，我們準備對你提出一個建議。」

照他的說法，這是絕對令人心動的建議，是我無法拒絕的建議，我根本不知道哥倫比亞大學到底要提出什麼讓我有興趣的建議。

他說：「我們打算把你升為專任教授。」

在哥倫比亞大學的晨邊高地（Morningside Heights）和校園裡的每一個角落，這是一件大消息。學者的工作包括研究、遊說和鬥爭，他們把一生的時光都花在爭取專任教授的資格。我想起多年來很多人的話語，包括一次大戰期間的威爾森（Woodrow Wilson）總統的各種不同說法，也想到一九七〇年代由哥倫比亞大學政治學教授謝爾（Wallace Stanley Sayre）集大成、變成定論的「謝爾定律」：「學術圈的政治鬥爭極為險惡，因為其中的風險極為低落。」

我接受了這個職位，但是只答應校方擔任專任教授一年。我才剛開始授課，莫斯科同意我騎機車暢遊蘇聯的消息就傳來，這是我等待和努力爭取近十年的事。

我喜歡哥倫比亞大學的教書工作，校外的生活非常忙碌，我不常在學校從事社交，卻花相當多時間在課堂外設法幫助學生。教書的同時，我主持一個叫做《羅傑斯談獲利動機》的電視節目，每星期有五個晚上，在美國第一家專業財經電視台「金融新聞網」（FNN）訪問來賓，後來，國家廣播公司商業台（CNBC）買下FNN，取得財經電視台獨占地位。

幾年後，我和財經記者葛里菲斯（Bill Griffeth）共同主持CNBC《我的投資組合》節目。這時仍然是財經節目發展的初期，就我的經驗來說，這時也是行動電話發展的初期。葛里菲斯和我採取現場播出的型態，接聽觀眾的電話，提出建議。有一天，節目正在製播時電話響起，我們兩人都嚇呆了。

「是你的電話」，葛里菲斯說。

我沒想到要把手機關機，或是採取更聰明的做法把手機留在預備室。如果這件事還不足以證明我上電視時不夠專業，接下來我做的事情就證實了這一點：我在電視上接電話。是家母打來的電話，她想知道我是否一切平安。

「我只是想知道你的情形而已，我知道你生了一場病。」

我說：「媽媽，我現在不能談話，我現在坐在電視上。」

事實上，我是電視黃金時段的節目主持人。

導播比我敏感多了，立刻喊卡，改播廣告。到今天還有人跟我提起這件事。

十萬英里長征

後來，我騎上ＢＭＷ R100RT一千ＣＣ，我的第五部機車，實現環遊世界的美夢。俄國的許可發下來後，我辭掉哥倫比亞大學和節目主持人的工作，跟著女友郃碧莎（她騎著自己的ＢＭＷ機車）在一九九〇年春季上路。

郃碧莎和我是幾年前經由我一位老朋友（她媽媽）介紹認識的，她是我認識的女性當中最熱愛探險的人（那時我還不認識內人佩姬），她曾經坐在我的摩托車後座，跟我一起暢遊巴基斯坦與印度。她剛從安赫斯特學院畢業，是在曼哈頓上西城長大的年輕女孩，只有我年齡的一半還小一歲，當時在紐約一家小小的基金會擔任補助管理員。

郜碧莎的父親尼克念哈佛大學時，曾經花一個暑假騎著祕密購買的ＢＭＷ機車暢遊歐洲，他從來沒有告訴父母如何把機車藏在歐洲，但是現在他堅決反對女兒騎機車環遊世界。我不知道如果我女兒樂樂或小蜜蜂向我提出這麼荒唐的要求時，我會有什麼反應。

郜碧莎和我在一九九〇年三月底，從愛爾蘭開始這段旅程，我們暢遊歐洲後前往中亞，再從中亞向東走橫貫中國，在日本停留下來，準備西行橫貫西伯利亞前往歐俄。離開波蘭後我們回到愛爾蘭，再向南穿越西歐抵達北非，再從北非直下歐洲大陸的中心。我們在南非把機車托運到澳洲，在紐西蘭把機車托運（橫貫太平洋）送到阿根廷，再縱貫南、中美洲和墨西哥，最後橫貫美國回到紐約。稍作停留後又出發穿越美國和加拿大，抵達阿拉斯加州的安克拉治，最後在北加州的耶魯同學貝克家裡，結束整個旅程。我們總共在路上騎了二十二個月，總共走過十萬英里，第一次列名金氏世界紀錄，我們暢遊六大洲五十多個國家。

我學到要了解一個國家的內幕，最好的方法莫過於穿越偏遠的邊界。你穿越邊界時，最先發現的事情是你是否必須賄賂，一切是否光明正大？直截了當？過程是否有效？是否像應有的情形一樣只花十分鐘，還是要花一整天才能穿越邊界？你也會了解當

JIM ROGERS
羅傑斯語錄

我學到要了解一個國家的內幕，
最好的方法莫過於穿越偏遠的邊界。

地貨幣的狀況，因為你穿越邊界後第一件要做的事是換鈔票，邊界當然都設有官方換匯處所，我總是在這種地方換一點錢，因為我知道向政府購買的鈔票不是假鈔，因此我可以拿來跟黑市買的鈔票做比較。如果有黑市的話，我一定會找到；實際情形是，經常是黑市找上我。

要深入了解一個國家，黑市是必不可少的地方，你能立刻知道這個國家有沒有黑市，如果有，這個國家的貨幣就帶有很大的溢價。黑市像量人的體溫一樣，如果我給你一支體溫計量你的體溫，就會知道你有沒有毛病，我們不知道到底是什麼毛病，卻知道你的身體有沒有出問題，如果你的體溫很高，就會知道你的身體出了大問題。黑市的運作方式和量體溫一樣，如果有黑市，你不知道問題是什麼，卻讓你獲得第一個暗示。如果市場上的溢價很高：官方匯率和黑市匯率之間的差距很大，你就知道這個國家出了嚴重問題。如果你希望了解一個國家，跟黑市商人談話所獲得的資訊，會多於跟政府部門首長交談。

你駕車離開邊界後，立刻會知道道路的狀況。路上有交通號誌嗎？有像樣的商店嗎？還是只有權充商店的攤販？有真正的旅館還是只有後院的住宿房間？你穿越邊界後，就會知道跟一個國家有關的很多事情，不管你認為自己多麼專業，你的發現偶爾可能讓你大吃一驚。

郤碧莎和我從突尼西亞、阿爾及利亞南下，向非洲中部前進，我們抵達波扎那的邊界時，我立刻知道（或者可以肯定的說，大約在一小時之內一切就變得非常清楚），不管這個國家長得什麼樣，都和我們在非洲其他地方所看過的國家完全不同，一切都跟我們在很多地方、在俄羅斯和亞洲等地所看到的東西不同，沒有黑市沒有賄賂，而且效率絕佳：良好的公路、交通號誌、路標，可以看到像美國小鎮常看到的購物中心，抵達首都後還可以看到很多旅館，我們有一陣子已經沒碰過這種情形了。

離開紐約前，我曾考慮過若出門在外時如何處理自己的投資。還好我一直樂觀看待不需每天監控的標的，因此我的大部分資產都投資在公用事業股、政府公債和外匯，而且我因為預期會有這段旅程，大致上都把資金投資在原有的投資標的。如果我判斷正確應該會獲利，如果判斷錯誤，應該也不會虧得一乾二淨。我減少空頭部位也完全不保留期貨部位，這次旅行不是投資之旅，但是我出門旅行時（因為過去出身的關係），總是很注意有希望的機會。我知道波扎那有股市，立刻開始投資，買進證券交易所的每一檔股票。

避免讓你以為我是投資大咖，我要說明，當時波扎那股票交易所只有七家上市公司，我抱著買來的股票一直到五、六年前。每一次有新股上市或配股時，我都會加碼買進。波扎那地大人少，卻善於利用自己的世界最大鑽石礦。我一直持續投資波扎那直到二〇〇八年，當時我決定出售手中所有的新興市場資產，因為所有的新興市場都已經過度開發，世界上有兩萬個管理碩士在全球飛來飛去，尋找新的熱門市場，因此我在經過十八年豐碩的獲利後賣光在波扎那的投資。

一九九二年夏天，邰碧莎和我結束這次環球之旅最後一段旅程後回到美國，待我寫完跟這次冒險旅程有關的《投資騎士》後，邰碧莎已經去念研究所，希望取得國際關係學位，這時她對這個主題的了解，很可能已經超越她的指導教授，因為這些教授只是在教室裡研究國際關係。後來她的動向我就不知道了。

06 商品大漲

要投資商品，你必須隨時領先一切。

實現每人的夢想

我在北卡羅萊納州首府夏洛特的鑄幣博物館，舉行《投資騎士》簽書會演講時遇見我未來孩子的母親。

她叫做佩姬，出身夏洛特東北方約三百二十公里的洛磯山市。我認為，佩姬就像當地歌手孟克（Thelonius Monk）一樣，全身散發出這個城市的美好特質。她當時二十七歲，在夏洛特皇后學院負責募款，在院長的推薦下閱讀了《投資騎士》，院長還告訴她我要去演講，建議她去聽。

我走進禮堂準備演講時，她就在站在走廊上，她對我說：「噢，你本人比電視上好看，」其實她從來沒有在電視上看過我，她又說：「我希望駕車暢遊美國。」我問她：「什麼事情阻止你成行？」她回答：「我現在負擔不起，我沒有足夠的現金流量……」她的遣詞用字全都正確，隔天我回到家後就打電話給她。

「這個週末來紐約吧」，我說：「我們去看芭蕾舞。」

「我不會住在你家」，她說：「我會住在旅館。」

她來過紐約幾次，知道紐約物價昂貴，也知道大部分曼哈頓人都住在小公寓，因此我告訴她，我的房子夠大，即使她來小住幾天我們也不會碰到面，她認為我瘋了，或者想誤導她，她堅持自己付費住旅館。

我說：「也好。」

我們下午去看巴黎歌劇院芭蕾舞團的《黑暗王國》（*La Bayadere*）表演。我熱愛舞蹈，讓我高興的是佩姬也熱愛舞蹈，因為她這輩子大部分時間都在跳舞。我們從林肯中心向百老匯走去，大約散步了四十條街，走到我位在俯瞰哈德遜河的河濱大道上的房子，然後我們騎自行車到中央公園，在船屋餐廳吃晚餐。我告訴她，我計畫去看亨利賽舟會，請她跟我一起去。她接受了我的邀請，幾星期後我們一起去看賽舟會。在亨利賽舟會上你不會墜入愛河，你會坐在躺椅上沐浴陽光，喝著香檳吃著灑上濃縮奶油的草莓，但你永遠不會墜入愛河。

我們約會一年多後，她辭掉夏洛特的工作搬到紐約。在一九九七年秋天租了自己的公寓，開始在一家行銷公司擔任總監。一年後我向她求婚。這時我已經開始籌畫為時三年的千禧年駕車環遊世界冒險之旅，準備開著特別打造、四輪驅動的敞篷賓士車，走過我摩托車之旅的半數旅程。我希望利用歷史時刻，在千禧年交替之際探測世界的脈動。我們根本沒有結婚計畫，誰知道感情會有何發展，但是我們確實訂了婚禮日期，就是二

JIM ROGERS 羅傑斯語錄

市場知道有人要進場時，
價格會一直上漲。

〇〇〇年一月一日。

一九九九年一月一日，我們從冰島開始環球之旅，開車經過一百一十六個國家，其中有些是大家很少前往的國家，包括沙烏地阿拉伯、緬甸、安哥拉、蘇丹、剛果、東帝汶。我們開車經過叢林、沙漠、戰區、流行病疫區和暴風雪，在撒哈拉沙漠跟遊牧民族和駱駝一起露營，在西伯利亞荒郊野外跟工人和黑幫暢飲啤酒。在印度阿拉哈巴德和六千萬印度教徒，在一百四十四年才一次的歷史性「大壺節」，一起在恒河中洗掉我們的罪惡。我吃過蠶蛹、蟿蚚、蛇、白蟻、天竺鼠、豪豬、鱷魚和蟋蟀。這次旅程不但極為壯觀，也是我為自己設定終身繼續學習計畫的一環。

這次我們暢遊非洲西部海岸，又從東部海岸北上遊覽非洲三十多個國家。我們從非洲駕車貫穿阿拉伯半島和印度次大陸，再前往中南半島、馬來西亞和印尼，這趟旅程引領我們經歷約十五場內戰。佩姬只能在我們駕車橫貫西伯利亞、蒙古共和國和歐洲多個國家期間，利用行動電話和電子郵件規劃婚禮。在千禧年之際，在三年半前我們在泰晤士河墜入愛河之地，坐著白馬拉的馬車，舉辦了一場童話故事般的婚禮。二〇〇二年一月五日我們回到紐約，這次旅程走過四十萬三千公里，創下最長連續汽車旅程的另一個金氏世界紀錄。

整個旅程中，我們特別打造、「混血」的金黃色賓士車不管是停在非洲、西伯利亞或美國，都會引起注意。在旅程即將結束時，我們來到加州的巴羅奧爾托，在斯巴哥餐廳〔Spago，巴克（Wolfgang Puck）在二〇〇七年把餐廳關閉〕吃完晚餐後跟一位站在外頭仔瞧著車子的人聊天。我們向他解釋，我們用這部車做了什麼事時，他說：「你們實現了每一個人的夢想。」

環遊世界的意義與刺激性十足，是過去三年我們碰到的無數人共有的夢想。事實上，正好在我們回來後發表的一份獨立民意調查顯示，世界各地人民最大的夢想是拋棄一切、坐進車裡，駕車環遊世界。

「我希望自己能做到」，他說。

他告訴我們，因為網路熱潮的關係，他最近賺了一點錢，覺得終於有錢可以實踐自己的願望了。我鼓勵他這樣做。

「這部車是兩人的座車」，他帶著好奇的眼神：「你們兩人一直並肩坐在一起嗎？」當時碼錶上顯示的數字約二十三萬五千公里。

「對」，我說。

「三年？你們現在還在一起嗎？」他露出懷疑的表情。他說，他和未婚妻花五天橫貫美國，抵達目的地前他們的婚約就取消了：「我在丹佛下車，她甚至沒有把車速放慢。」

對趨勢要保持警覺

佩姬和我出發環遊世界前，我已經編製羅傑斯國際商品指數（RICI）。

一九九〇年代末期，我斷定商品空頭市場即將結束。《投資騎士》出版後，我在媒體上露臉已經變成生活中的一環，我一貫的主題都是強調商品空頭市場即將結束。我認為商品多頭市場即將來臨，但是在我出遊的同時還要投資商品，近乎是不可能的任務。要投資商品，你必須隨時領先一切。商品合約會到期，但誰知道是否能接觸商品合約？我認為解決之道是指數型基金，為了投資商品，我必須創設自己的商品指數型基金，當時市場上沒有半檔商品指數型基金，商品仍然是普遍受到忽略、沒有人了解的類別。

在整個投資生涯中，我曾經從多空雙向，投資全世界的股票、債券、外匯與商品。第一次看《華爾街日報》的商品版時，當時只有一個版面，但即使是在那麼早的時候，我都認為商品版很重要。我在自己的圖書室查看我第一本商品研究局（CRB）年報的年份是一九七一年，因此至少從一九六八年開始在華爾街工作到收到這本年報之間，我就對商品十分好奇，努力尋找跟這個主題有關的資訊。

我成功投資商品的早年歲月，大部分人根本不注意商品。或許這個問題的一部分（或是我成功的一部分原因），是我知道的東西不夠多、不了解其實不應該理會這些東西。要是我去念商學研究所，應該會認為商品並不重要，應該不會重視商品，但是我沒有念商學所，因此沒有受過投資銀行的訓練課程。

前面說過，一九七一年八月，尼克森總統關閉黃金窗口時，我們量子基金的股票投資痛遭打擊。三年後，他重開黃金窗口時，我們在商品方面大獲全勝。尼克森辭職前一年，為了應付全世界的怒火，恢復了美國公民在美元與黃金之間互換的權利，一九三三年時，小羅斯福總統也曾經禁止兩者之間的兌換，不顧他先前承諾不會這樣做。當時世界市場的金價訂為每盎司三十五美元，到一九七四年一月一日，也就是美國人可以買黃金的第一個交易日，因為大家預期金價會上漲，金價已經暴六〇〇%，漲到每盎司二百美元。

那天美林公司（Merrill Lynch）現身在為倫敦議定黃金價格的交易大廳，準備為自己的美國客戶購買黃金。我們的基金把黃金賣給他們、放空黃金給他們，因為我們對市

JIM ROGERS
羅傑斯語錄

商品其實比股票還容易判斷。

場具有足夠的認識，知道當時每個人都在預期會出現大買主，金價已經上漲的太快、漲的太高。美林預期會有龐大的買單，因此要建立黃金庫存。這點是歷經時間考驗的原則，但是大部分人因為某些原因，似乎不了解這一點，不了解市場知道有人要進場時，價格會一直上漲。市場非常精明，總是走在前面。因此隨後幾個月，金價跌到每盎司一百美元，喪失了一半的價值，我們獲得龐大的利潤。

但即使一百美元都跟三十五美元差太遠了。一九七四年時，黃金產量幾乎停滯近半世紀，因為國際金價固定（首先是訂為二十美元，接著改訂為三十五美元），不值得金礦主去開採黃金，除非礦主找到非常龐大的金礦主脈，否則不會賺到很多錢，原因在於價格不會上漲。但是隨著需求上漲、金價飛揚，產量終於開始增加。礦主不是傻瓜，他可能告訴自己：一九六六年發現的金礦在金價每盎司三十五美元時，不值得開採，但是現在金價漲到一百美元，而且還繼續上漲，現在是重開這座礦場的時候了。

六年後，一九八〇年春季因為基本面非常健全：供應低落、美元貶值，美國債台高築到令人不堪的程度，還背負嚴重的貿易赤字，因此金價漲到每盎司八百五十美元的天價。

原料多頭市場延續了十五年，價格上漲、產能開出，隨著供應增加到超過需求，黃金和其他商品的價格開始走低，價格下跌的局面維持了將近二十年。能源的漲勢比較明顯，一九七〇年代油價上漲超過十倍，新發現的石油開始流入市場，北海石油開始流出，阿拉斯加和墨西哥石油開始上市。同時，人們依據自己的智慧開始削減消費量，卡特總統穿著毛衣、坐在壁爐旁邊出現在電視上，恒溫器的溫度調低，小車在世界各國出現，需求成長放慢，供應增加，油價因此下跌十八、十九年；原料空頭市場一直持續到一九九〇年代。

這是典型的經濟學。治療高價的藥方就是高價，這種藥方總是有效。

事實上，商品其實比股票還容易判斷。沒有一個人能夠了解ＩＢＭ，連ＩＢＭ的董事長都不了解，ＩＢＭ必須應付的千頭萬緒包括員工、產品、零件、供應商、競爭對手、政府、資產負債表和工會。相形之下，棉花卻相當直截了當，你需要知道的棉花知識就是供應太多還是太少？棉花不必管誰當聯準會主席，ＩＢＭ的領袖卻必須知道、也必須關心這種事。棉花只要關心供應太多還是太少？話說回來，判斷這點可能一點也不容易，但是問題本身卻很簡單，而且到了最後，這是你唯一必須關心的問題。

要創設商品基金，我首先必須編製自己的指數，業界有其他的指數，但是我不願意投資，因為這些指數的結構都很差勁，範圍都很狹隘，例如高盛商品指數（GSCI），能源大約占三分之二的權數，這到底是什麼樣的指數？你還不如直接投資石油算了。更重要的是，高盛商品指數每年都在改變。例如某一年牲口的權數占二六％，幾年後，牲口的權數降到只剩下四％，你無從知道未來三、四年應該持有什麼樣的商品，高盛自己也不知道。而且我打算投資的是我自己的錢，不是客戶的錢，高盛努力的跟自己的客戶對做，從中套利，但我沒有顧客。

道瓊商品指數（DJCI）也一樣，經常在變化，你在道瓊商品指數中可以找到鋁之類的商品權數超過小麥，世界上有人從來沒有看過鋁，更不要說用過鋁，但是大部分人都要吃小麥。路透傑佛瑞商品研究局指數（Reuters/Jefferies CRB Index）我也研究過，這個指數的柳橙汁和原油的權數相同。所有的指數還有另一個問題，就是「地理近視」的問題。大部分指數只反映編製公司所在時區的狀況，因此這些指數都自我設限，只限於在倫敦和美國交易的東西。我不知道大家怎麼能夠運用其中一種指數慎重投資？你甚至不能把這種事情叫做賭博，因為如果是賭博，至少知道一副牌裡有多少張牌。

我在一九九八年八月一日開始推出我的指數，事後回想，我發現指數推出的時機相當令人震驚，正好距離十九年空頭市場底部四到六個月內。我非常不善於從事波段操作，非常不善於從事短期交易，但是這次的計算完全正確無誤。不管我過去在投資方面有多少成就，我都歸功於自己對重大變化和趨勢發展保持警覺，就像我所說的：我已經學到夠多的自知之明，而且通常會早一、兩年或三年，但這次的做法是明顯的例外。

商品空頭市場已經結束，多頭市場即將開始。羅傑斯國際商品指數是基礎廣泛、適合從事持續一貫商品投資的工具，指數根據十三家國際交易所中大約三十六種商品計算。從一開始，這檔指數的複合報酬率就比其他商品指數高。到二〇一二年八月，羅傑斯國際商品指數總報酬率為二八一%；同期內，標準普爾指數的總報酬率為六二%。

他只說錯三個國家

和佩姬駕車環遊世界時，我接到不少電話，告訴我高盛公司經濟學家歐尼爾（Jim O'Neill）創造了「金磚四國」這個名詞。他在二〇〇一年發表的報告中，預測全球權力會從七大工業國轉移到開發中國家，尤其是巴西、俄羅斯、印度和中國，因此才有金磚四國的說法。

佩姬和我都旅行過這四個國家，四國的版圖占世界土地的四分之一，占世界人口的四〇%，根據歐尼爾的說法，到二十一世紀中葉，這四個經濟體合在一起的力量會超過

JIM ROGERS 羅傑斯語錄
大部分指數只反映編製公司所在時區的狀況，因此這些指數都自我設限，只限於在倫敦和美國交易的東西。

目前世界上最富有的國家。他的說法當然是不知所云，就像我那時告訴他的一樣（我寫作本書的一年裡，還跟他當面討論過），堅持這種論點顯示自己對世界不了解，這種情形頂多只會讓人不安。但是他無力收回這種論點，業餘之作使他驟然享大名，而且顯然無意在盡情享受之前收手。

把中國挑出來、當成會走上成功大道的國家，並沒有使他變得比較聰明，在這四個國家中，中國一直是歐尼爾懶得去訪問的國家，到他發表報告時，中國的經濟優勢已經照亮每個人的雷達螢幕。我從一九八八年騎著機車暢遊中國後，一直都在寫作和廣播中探討中國問題，時間超過十年。

歐尼爾不了解巴西的歷史，促使他忽視今天巴西的繁榮發展幾乎完全取決於商品多頭市場的事實，但是商品多頭市場像所有的多頭市場一樣，最後都會結束。限制外國人擁有土地、外匯管制、高關稅，和日漸增強的保護主義，這些都是政客會犯的愚蠢錯誤，也都代表巴西未來生產力的惡兆。巴西人自己說過：「巴西是下一個世界大國，過去是這樣，未來也如此。」巴西人也說，巴西注定永遠無法實現承諾，因為雖然「巴西是上帝選定的國家、是他最愛的國家，問題是他派巴西人治理巴西。」

俄羅斯的運勢和巴西相同，都是來自商品多頭市場，這種運勢會同樣短暫。俄羅斯人現在面臨全世界最惡劣的情勢，因為出生率非常低、人口迅速老化，離開俄羅斯的人不斷增加，使問題變得更加嚴重。如果極多不受歡迎、住在前蘇聯共和國的正統俄羅斯人被迫回到俄羅斯，問題會更為嚴重。雪上加霜的是，和其他國家相比，俄羅斯的平均壽命很低，很難看出歐尼爾的假設怎麼可能會有影響力。我認為，俄羅斯現在已經有點像廢墟，將來會繼續解體。屬於俄羅斯的很多偏遠地區住著種族、宗教和語言不同的人，這些地區存在分離主義運動，我對莫斯科抱著樂觀態度，但前提是須抱持遠大的眼光。

相形之下，印度的高出生率可能造成很多問題。有人預測不久之後，印度人口會超過土地比印度大三倍的中國。印度將來無法餵飽這麼多人，而且印度已經無法餵飽現有的人口。印度應該是世界上比較有農業生產力的國家，但是政府的政策扼殺了這種可能性，印度人民頂多只能擁有五公頃或大約十二英畝的土地，因此大量生產和規模經濟幾乎不可能出現。很多農業地區的基礎建設微不足道，甚至不存在，因此即使是豐收的年度，作物在到達市場之前就白白糟蹋掉了。印度受到世界最僵硬的官僚體系束縛，毫無解脫的希望，政府既腐敗又長期無能。

從地圖上來看，印度的構成並不合理，到一九四七年前，我們今天所知道的印度從來沒有存在過。印度是英國在統治末期，因為急著逃離印度，所拼湊出來的國家，英國人在急切之間匆匆劃定印度的邊界，把很多種族、語言和宗教不同的人民湊在一起，但能夠和平相處的民族卻很少。穆斯林在印度是少數民族，但是印度因為有十億人口，仍然是世界上比較大的穆斯林國家。穆斯林和占多數的印度教徒，不斷的互相屠殺。

但是印度一九四七年獨立時，是世界上比較成功的國家之一，是實施民主制度的國家，但是印度雖然實施民主制度，或者可能是因為實施民主制度的關係，一直沒有完全發揮應有的潛力。中國在一九八〇年前還是一片廢墟時，印度已經遠遠超越中國，但是從那時之後，中國反轉把印度遙遙拋在身後。中國對世界各國開放邊界和經濟，沃爾瑪（Walmark）在中國各地擁有很多店，印度卻實施保護主義政策，禁止外國人開店，認為外國人開店會威脅國家安全。相形之下，在中國崛起之際，印度卻繼續沒落。印度的債務對國內生產毛額（GDP）的占比高達九〇%，使強勁的經濟成長率幾乎不可能實現。

歐尼爾在稱讚印度的優點時，從來沒有到過印度，更沒有像佩姬和我花兩個半月的時間在印度各地考察。無知的人不只是他而已，摩根士丹利（Morgan Stanley）亞洲公司董事長、「全球事務專家」羅奇（Stephen Roach）直到二〇〇四年才第一次去印度，他回國後相當興奮，詳細敘述他參觀阿葛拉市（Agra）泰姬瑪哈陵（不容錯過的經驗），他也描述路上碰到的各種意外事故，歸咎這些事故是因為從德里開車過去要花五小時，而這段路程只有約二百公里。羅奇對印度不了解，三天的訪問不可能發現事實：從德里到阿葛拉總是要花五小時，而且當一切順利時，五小時才到得了。不過這種層次的認知，卻被華爾街當成是智慧。

二〇〇一年，華爾街每個人至少認識一位出身印度的人，因為印度人負責他們的衍生性金融商品部門。一九九〇年代末期時，我曾經和兩家不同公司的兩位高階主管共進午餐，討論他們交易部門的所有發展，他們開始談到衍生性商品時，其中一位對另一位說：「我們要怎麼打進這種業務？」另一位說：「找一位印度人來。」

印度的大學非常少，以人口規模來說，的確是非常少，因此有心的印度人必須出國接受教育，其中很多人到美國拿到學位。他們以攻讀數學和工程科學聞名，其中很多人對財務有興趣，當時他們都進了紐約財務公司的交易室、後勤辦公室和資金管理部門，利用他們的數學技巧，創造出很多和當時的華爾街一拍即合的衍生性商品。

因此到了二〇〇一年，因為印度人列在每家企業的組織職位表上，華爾街不太精明的人就認為，印度一定有什麼事情正在進行。歐尼爾認為印度一定是像中國一樣崛起的巨星，他拿出地圖，看到兩國是鄰國，心裡想：嗯，兩國都是大國，人口都很稠密，這

JIM ROGERS
羅傑斯語錄

不管我過去在投資方面有多少成就，
我都歸功於自己對重大變化和趨勢發展保持警覺。

時他心裡想到巴西和俄羅斯也是這樣，但是除此之外，情形很清楚，他就像羅奇一樣對這些國家一無所知，羅奇出任摩根士丹利亞洲公司董事長前，甚至沒有訪問過印度。但是我們不以人廢言，在巴、俄、印、中金磚四國裡，歐尼爾只說錯了三個國家。

我應該補充說，雖然我偶爾不同意他們的看法，還是一直喜歡他們兩人。我的批評比較像是反思，投資圈中視為「國際知識」的東西。

07 紐約豪宅住家

精通雙語對精明、積極、持之以恆的人，
會變成重大優勢。

河濱大道的房子

千禧年探險之旅是我第二本作品《資本家的冒險》（*Adventure Capitalist*）主題。我們旅行回家後十七個月——前八個月等待注射過的疫苗從身體排出——佩姬在紐約生了女兒希爾頓，女兒後來為自己取了小名樂樂，我初為人父。我們第二個女兒碧蘭，小名小蜜蜂，出生前佩姬和我已經開始規劃把紐約的房子賣掉，搬到亞洲。

紐約的房子我住了三十年，是一九七六年買的。先前我在華爾街工作，住在洛伊斯和我結婚時租的曼哈頓公寓，當時洛伊斯就讀哥倫比亞大學，我則派駐漢彌爾頓堡。我很不喜歡公寓生活，離婚後我一直看報紙房地產廣告，週末會騎摩托車在紐約市和紐約州、紐澤西州、康乃狄克州找房子。

我住的公寓蓋在河濱大道上，我真的很喜歡這個地點，河濱大道不但瀕臨哈德遜河，也位於公園旁邊。我在五個自治市和紐澤西、康乃狄克州到處亂走，尋找俯瞰河水或面對空地的房子，我不期望找到符合這兩種條件的房子，但想不到要找的房子就在我住的公寓隔壁。

一九七六下半年某一天，我沿著河濱大道騎自行車，跟我並行的女性知道我準備搬家，指著我們經過的一棟五層樓建築說：「那棟房子似乎是空的。」這棟建築不是一棟房子，而是兩棟相連的市區透天房子，整棟建築的北邊和南邊都有院子，房子面對的建築物也有院子，因此整棟建築的南邊大約有四十英尺寬的開放空間。這棟建築很大、很莊嚴、很漂亮，而且是空屋，我到市政廳尋找這棟建築的屋主，寄了一封信給他，還附上回郵明信片，問屋主是否要出售這棟建築，也表明我的購買意願。

這棟建築屬於天主教會，是過去伍茲塔克（Woodstock）學院的一部分，這個學院是美國最古老的耶穌會神學院，一九六九年從馬里蘭州鄉下地方的伍茲塔克搬到曼哈頓，隨後因為財務困難，加上招不到神學院學生，便在一九七四年關閉。此後教會一直希望把這棟建築賣掉，卻一直難以成交。原因之一是建築物的北半部大約在一九三〇年代已經改成公寓，南半部的結構卻仍然是獨棟住宅的形式，這樣做的目的是因為建築物在一八九九年興建時，紐約經濟繁榮，有約二百八十一坪生活空間的房子市場熱絡，教會認為，除非把這棟房子當成包裹合約的一部分出售，否則不可能把這棟房子賣出去。

我看中的是南半部的房子，擔心買下整棟建築物卻找不到北半部公寓的買主。我沒有時間、沒有力氣，也沒有專業能力整修一棟龐大建築物裡的十棟公寓，當時我在華爾街經營一檔避險基金，每天工作十五小時，雖然可以靠著出租或出售這些公寓賺

JIM ROGERS
羅傑斯語錄
多年來，每次我上電視時，
一直都建議觀眾教他們的小孩中文。

錢，但從最後結果來看，這樣做是不當利用自己的時間。我跟從事不動產業的朋友波特（Donald Porter）討論，告訴他這棟華美的建築物，他看過後同意買下整棟建築的北半部。當時通膨嚴重，全美國的不動產市場都在崩盤，利率扶搖直上，長期房貸很難取得，教會對於這棟建築能夠賣出感到興奮，甚至以極低的利率提供我們三十年房貸，波特立刻開始改裝工程，最後把這批公寓以商業公寓的形式賣掉，我搬進南邊的房子。

我的計畫是暫時在屋裡露營，看看要在屋裡怎麼過日子，才開始裝修。我還在華爾街工作，還在追求人生成就，根本沒有時間，而且我從來沒有住過這麼大的房子。我一直住小公寓，沒什麼家具，現在面對的卻是有五層樓高，約二百八十一坪完全空蕩蕩，十九、二十世紀之交建成的巨大豪宅。

買了這棟房子之後，我曾經利用晚上去看看。我必須帶手電筒，因為屋裡的光線實在太暗了，看完整棟房子後我跑到街角的五金行，買了兩百美元的燈泡，五金行老闆從來沒有見過這種事。一九七七年時，兩百美元可以買到很多燈泡，這棟房子就需要這麼多燈泡，才能維持最基本的照明。有一天晚上，我帶女朋友和她的一些朋友到我的房子，她的一位朋友說：「狂歡節快到了，你有這麼大的空屋，舉辦狂歡節舞會最適合了。」

我們找了幾個人組成自稱南院之友的團體，成員包括那天晚上到過這棟房子的人，以及三位新聞記者、一位律師、一位哥倫比亞大學教授、一位銀行家，和包括我在內的兩位華爾街人士舉辦了狂歡節化妝舞會，這個舞會後來變成年度盛事，在紐約相當出名。每個人可以邀請一定數目的來賓，我們發出精美的請帖，隨後幾年就像預期的一樣，跟這場舞會有關的消息傳開了，很多人習慣不請自來，我們不拒絕他們，因為這樣不實際也不禮貌，就這點來說，這個舞會像伍茲塔克音樂會一樣。

耶穌會信徒把最後變成起居室的地方當成禮拜堂，禮拜堂裡有一座聖壇，是這棟房子原本有八座壁爐的其中一座。踏著紅木樓梯上樓，左邊是一間大型的飯廳（是這一層樓的正中房間），右邊用厚重紅木大門關起來的地方是禮拜堂，禮拜堂裡的聖壇還在，卻已經不跟牆壁連在一起了。最後我把壁爐重新打開，裝了壁爐架。我們移開很多門，把整個空間打開，就在其中舉辦舞會，樂隊在起居室演奏，我們在大飯廳裡設了一座酒吧。

連續六年舉辦這種年度舞會，因為這六年裡，我一直找不出足夠的時間把房子完全整修好，一旦整修和裝潢進展到某種程度，舉辦這種聚會就變得不可行，最後就停辦了。那年，該是舉辦舞會的日子到了，我接到很多電話詢問「舞會什麼時候開始？」當天晚上，最初的南院之友盛裝來到我的房子，大家聚在一起舉行私人晚宴，整晚門鈴響不停，很多人穿著禮服站在門口。

一九八二年我退休兩年後，準備整理這棟房子時，發現整個屋子到處都是漂亮的木製結構，主要是紅木和橡木，我請了一幫人準備整修，但整修表示必須先除掉木頭上的油漆。耶穌會教士對這棟房子美觀與否沒有興趣，他們專心追求上天堂，而不是努力在塵世重新創造天堂，但是他們的確非常用心維護這棟房子的結構，建築很健全，所有的管線情況都很好，整棟房子只需要清理和粉刷。

我請一位建築師和一位室內設計師，還配合室內設計師裝修十間臥房，改變一部分臥房的用途，改造出一間圖書室和一間彈子房。我把通到五樓的電梯延伸到屋頂，在屋頂設了一個陽台，裝了熱水浴盆、蒸氣浴設備，還增設戶外廚房，創造出額外的生活空間，把這裡當成休閒區。我也在後院蓋了烤肉區，《紐約郵報》美食評論家曾經來看過一次，她說這是她職業生涯以來在曼哈頓看過唯一的室內烤肉區。

我把這個地方變成我在美國的住家，我擁有我想要的一切設備。有一次，一對夫婦帶著小孩來這裡作客，那天下午經過三、四小時後，他們的小兒子問：「我們什麼時候回紐約？」他們家住在公寓，認識的每一個人也都住公寓，小孩以為自己已經離開紐約市，實際上他正在河濱大道上。我懷疑以後是否能夠再找到這麼完美的地方。

語言的力量

佩姬和我從千禧年冒險之旅回來後，對中國會變成世界下一個偉大國家的信心大大增加。自從我第一次橫貫中國之旅後，我在寫文章和演說時一再談到這件事，多年來，每次我上電視時，一直都建議觀眾教他們的小孩中文，因此，我既然已經身為人父，現在應該是我遵循自己建議的時候了。

不能流利的說一種外國語文，總是使我覺得若有所失，因為我從事國際投資，後來又變成環遊世界的旅行家，這種事情更是讓我覺得遺憾。我參訪過很多奇怪的地方，都只是透過翻譯了解當地的情勢發展，知道自己錯過了很多大好良機。我們全都知道翻譯會失去多少原意，這種限制讓我感受很深，就像所有的父母都努力彌補自己的缺憾，或是補救自己一生中所錯過的某些事情一樣，我覺得我的子女一定不能背負著這種弱點開始人生之旅。

我在戴摩波里斯高中念過兩年法文。上耶魯大學時，我必須符合校方的語文學習規

JIM ROGERS
羅傑斯語錄

精通雙語對精明、積極、持之以恆的人，
會變成重大優勢。

定，因此我初到耶魯時，和同樣學過兩年法文的學生編在同一班。這門課完全用法文教學，老師也是法國人，但我都搞不懂上課內容。我說過，我在耶魯有嚴重的不安全感，所有同學的背景都勝過我，接受的教育也勝過我。很多同學上過預校，很多同學出身美國各地富裕的地區，我總是覺得有點望塵莫及，這種經驗使我認定外國語文教育極為重要。

身為旅行家，我見過能夠像本地人一樣了解和說出一種語文的優勢——也就是靠著本能，說出沒有腔調的語文。在外國的經驗讓我相信：如果一名重刑犯的某種語言說的很流利，可以跟說不流利的博士、千萬富翁或外交官平起平坐，而且得到聽眾更多注意、獲得更多信任，那麼另外三位的談話一定會遭到忽視。我堅持自己的小孩不但要精通一種外國語文，而且要像本國人說的一樣好。

現在就我所知，我兩個女兒最後可能搬到玻利維亞，一輩子再也不會使用中文。精通雙語不會協助她們成功，我見過會說中文和英文，卻不是特別成功的洗碗工人，我看過好幾百位精通雙語卻完全不成功的人。我的確知道，精通雙語是包括我在內的很多人所缺乏的技巧，精通雙語對精明、積極、持之以恆的人，會變成重大優勢。要是我過去認為巴西會變成未來世界最重要的國家，可能會讓我女兒一開始就學葡萄牙語，我們一家現在可能會住在南美。

我們在紐約時，聘請說中文的中國人倪雪莉擔任我女兒樂樂的家庭教師，二〇〇六年，我們把樂樂送到曼哈頓唯一教三歲小孩中文的聖希爾達休伊學校（St. Hilda's & St. Hugh's）。那裡的小孩一星期只說中文一小時，算是起步的課程，但是很快的情形就很清楚，我女兒需要的不只是這樣而已。我在美國碰到很多對孩子說中文的華人，但是到孩子八、九歲時，都會變成完全用英文回答。學校裡的每一個人，他們的所有朋友都說英文。說中文並不酷，他們像所有的小孩一樣決心自行其是。有一天，才兩、三歲的樂樂從公園回家，說：「我希望說西班牙文。」西班牙文在河濱公園很通行，所有的保姆都是波多黎各或中美洲來的女性，因此所有的小孩都用西班牙文交談，樂樂覺得自己不是其中的一份子，「因為我說中文。」

情形很清楚，樂樂在紐約成長，絕對不會像中國人一樣繼續說中文。我們認定，如果我們真心希望她徹底精通中文，就必須把她帶到她別無選擇、只能說中文才能溝通的地方養大，到她不能突然說「我不要說中文」的地方撫養，到了說中文的城市，就不能不說中文。

做這個決定的同時，我認為美國已經陷入嚴重的衰敗期：債務暴增到失控的程度、外交政策不負責任、紐約市毫無財政紀律與控制，將來住在這個城市不會令人愉快。所有的這些事情湊在一起，使我們舉家搬遷，提供孩子其他選擇的決定變得有意義多了。因此我們放出吉屋出售的消息，開始在亞洲尋找住所，過去我曾經嘲笑父母為了子女而孟母三遷，現在我自己也這樣做了。

08 史上最大負債國

道德觀一直都不是支撐政客、官僚的行事力量。

日見頽勢的美利堅

佩姬和我把房子賣掉時，我深陷悔恨之情。我知道，永遠不會再住這麼好的房子了，像這樣的房子現在已經少之又少。我不斷的想：我剛剛把樂樂的權利賣掉了，我把她立身根本、與生俱來的權利賣掉了，她永遠都不能住在這棟房子了。我在賣屋合約中加了一條條款，讓我在買方決定出售這棟房子時得到優先承購權。有機會買回房子的約定，降低了我賣房的難捨心理。

當時是二〇〇七年，我已經針對不動產泡沫大聲警告，我擁有這棟房子的三十年裡，看著不動產穩定上漲，相信市場已經漲到巔峰。我放空住宅營建股、放空房利美股票，每星期上電視時都公開預測不動產市場會崩盤。

「你可不可以閉嘴不談不動產？」佩姬說：「每次你跟記者談話時，可不可以不談房市泡沫？我們正在設法賣這棟房子呢！」

我們在市場高峰時賣掉房子，隨後不久，不動產市場崩盤，如果屋主打電話給我，說要把房子賣給我，價格很可能低於他們當初付出的價格。但是現在我不可能買這棟房子，我根本無法想像再回到紐約居住。我們一年至少到美國一次，主要目的是為了探望佩姬的雙親和高齡九十多的家母，也順便到紐約拜訪朋友。我們在紐約時住在旅館，以前這是我最喜歡的城市，現在還是我最喜歡的城市之一，雖然喜愛紐約，卻不能忽視明顯的事實。

我可以告訴你，在亞洲住了幾年之後若飛到紐約機場，像是到了第三世界。你搭上第三世界的計程車，開在第三世界的公路，即使你住在五星級大飯店，也是住在第三世界的五星級大飯店。紐約的五星級大飯店比不上亞洲，沒有一樣東西比得上，基礎建設、運輸都是這樣，紐約再也轉不動了，甘迺迪機場現在只是笑柄，你到上海、香港或新加坡，你會進入不同的世界，進入活力十足的世界。

在東方，尤其是中國，一定會碰到很多問題，繁榮昌盛、努力崛起的社會總是如此。美國崛起時熬過了重大挫折，經歷了內戰、多次經濟蕭條、踐踏人權、法制瓦解、大屠殺和政治腐敗。十九世紀時，大部分美國人甚至不能投票、沒有民權，而且可以買賣國會議員，今天仍然可以買賣國會議員，但是當時的價碼便宜多了，你可以用今天買通一位國會議員的成本買通四、五位國會議員。一九〇七年，就在美國即將成為二十世紀最成功的國家之際，整個體系崩潰，因此中國一定會碰到挫折，但是中國所走的路卻很清楚。

JIM ROGERS
羅傑斯語錄

身在亞洲，你會感受到興奮之情，
走出家門會覺得自己是這個進步地方的一份子。

身在亞洲，你會感受到興奮之情，走出家門會覺得自己是這個進步地方的一份子。亞洲有美國已經不存在的脈動與活力，過去我在紐約曾經有過同樣的感受，現在紐約再也找不到這種感覺了。但並非亞洲的每一個地方都是這樣，我在德里就沒有這種感受，然而到了香港，走進餐廳、在路上，你都會感受到這種奇妙的感覺，在紐約偶爾會有這種感受，卻不像在亞洲，這種感覺無所不在。

紐約是美國的經濟與文化之都，但美國現在是世界最大債務國，也是史上最大債務國。世界最大的債權國在亞洲，這些國家是資產積聚的地方，是活力與精力所在的地方，這些國家包括中國、日本，台灣、南韓、新加坡、香港，這些地方的儲蓄與投資比率很高。本書寫作時，中國的儲蓄投資比率超過三〇％，新加坡在一九八〇年代儲蓄投資比率超過四〇％，造就新加坡目前的成就。

連馬克斯都知道，如果沒有資本、儲蓄和投資，國家經濟很難發展。他認定如果國家積聚資本、從事投資，國家就會成長，人民的日子會更好過的假設，已經證明徹底錯誤，但是有關發展資本的說法卻正確無誤。美國目前的儲蓄率為四％，過去十年都在二％上下徘徊，有時還變成負值。美國正跟隨著一次大戰後英國的腳步，快速的用光資本。

一九八七年時美國還是債權國。一九四五年二次大戰後，美國是世上唯一仍然能站穩腳步的國家，美國當時是世界最大的債權國，卻在短短三代之內變成世界最大的債務國，幾乎無法拯救美國免於破產。二次大戰結束時，美國積欠大量債務，但是也積聚了數量驚人的資本，積聚了美國人在大戰和大蕭條期間無法花費的資金，以及受到環境所迫而儲蓄的資金。

美國人的需求整整十五年受到限制，大戰結束後因擁有過剩的工業產能，可以滿足這種需求，而且到一九六〇年代中期前，美國人仍然維持很高的個人與企業儲蓄率，擁有充足的存款餘額應付支出，美國人開始動用儲蓄，造成投資大增、經濟成長與長期的繁榮昌盛，因而在這段期間美國有能力清償債務，但今天美國面臨驚人的債務，卻沒有儲蓄可以應付債務。

十九世紀末到一九一四年，美國借了很多錢才會變成債務國，但是這些錢投入運河、工廠、鐵路建設，只要是明智的投資或是有其他資產，借錢沒什麼不對。後來美國變成債權國便開始清償債務，最終成為二十世紀最成功的的國家，健全投資也因此帶來報酬。

然而，今天美國借錢是為了購買放在太陽下生銹的軍事器材，生產軍事硬體的廠商賺到錢，但是除此之外，沒有人能夠得到好處。這種投資和運河或鐵路的投資不同，不代表持續不斷的生產來源。今天我們把借來的錢花在移轉給付（占政府所有支出的六〇%，金額超過政府的所有歲入），但是這種給付不能提高未來的生產力。國家如果只會消費卻不投資和儲蓄，借來的錢對你毫無好處。

更糟糕的是，我們託付重任要他們解決消費過度、債務過高問題的人，卻認為解決之道在於更多的消費和更多的債務。

國王沒有穿衣服

害你受到二〇〇八年崩盤侵襲的人，現在仍然滔滔不絕。為了避免你誤解，我看不起他們、對他們不滿，是因為我的投資組合價值下跌，我要提醒你，在房市泡沫破滅造成的崩盤前，我已經把投入股市的大部分資金抽出，只有下列例外：我放空花旗銀行、所有的投資銀行、住宅營建公司和房利美公司。華府和華爾街的無能，實際上對我這種人是好事，當無數美國人看著自己的終生儲蓄從人間蒸發之際，心存懷疑的投資人卻賺到驚人的利得。導致美國人終生的儲蓄蒸發，卻又接受紓困的很多無能銀行家也是如此，你也可以感謝華府那些民意代表，做出這種無恥的不公不義行為。

其實，政客和官僚的無能是易於看穿的。多年來，我們從報導中了解美國糟糕的教育狀況、歐亞學童的測驗勝過美國學生，十八到二十四歲的美國學生，有六三％無法在地圖上找到伊拉克，一半的學生無法找到紐約州，一一％的學生無法找到美國。在另一個研究，有二八％的學生認為美國的革命是蓋茨堡之戰後結束的，不到一半的學生知道「我們認為這些是不言而喻的真理：所有人都生而平等……」這句話出自美國獨立宣言。

這項研究還顯示，超過一半的人可以說出《辛普森家庭》卡通中的五個家人名字，卻說不出構成人權法案的五項美國憲法修正案。噢，這些學生現在進了美國國會，他們比前一代的政客無能多了，三分之一的新科國會議員從來沒有申請過護照（他們很快就會拿到護照，以便享受外國的招待。）申請美國公民的第三世界移民，所具備的歷史、地理和公民知識都比選出的國會議員豐富。

這些民意代表對財政與經濟學的了解一樣糟糕透頂。我曾經參加金融人士為當時的參議院財政委員會主席、愛荷華州共和黨籍參議員葛拉斯里（Charles Grassley）舉辦的晚宴。晚宴上有人對葛拉斯里表示擔心美元疲弱，問他打算採取什麼行動。葛拉斯里回答：美元既不是財政委員會負責的事，也不是他們關心的事。餐桌上的每一個人都嚇呆

JIM ROGERS 羅傑斯語錄

國家如果只會消費卻不投資和儲蓄，
借來的錢對你毫無好處。

了，不是因為他不準備針對美元採取任何行動（其實我也會這樣建議，放任市場自行發揮力量），而是因為他的回答顯示對金融市場的無知。他不但不知道美元的變化或其中的意義，也不知道美元匯價可能是他所主持的委員會有興趣的事，或是屬於他職責範圍之內的事。他還是國會中比較資深的議員，接受美國教育體系的時間比很多國會議員還早。

華府諸公讓美國得靠急救保命，這群無能之輩組成龐大的交響樂團，其首領就是指揮這個樂團十九年的人，不是民選官員而是政治任命的官員，他就是聯準會前主席葛林斯班（Alan Greenspan），也就是名記者伍華德（Bob Woodward）在同名大作中所尊稱的「大師」。

葛林斯班原本是華爾街上庸庸碌碌、一心求官的經濟學家，在華盛頓進進出出大約十五年後，雷根總統終於在一九八七年以高官獎勵他的平庸，此後他為續任的三位總統服務。他主張寬鬆貨幣，每次情勢緊張，尤其是他過去在紐約的同行面臨緊張情勢時，他就印鈔票。一九八七年紐約股市大崩盤時——他要為崩盤負一部分責任——他就印鈔票；一九九四年，他為了因應墨西哥披索危機，再度印鈔票。隨後幾年他又這樣做了三次，亞洲金融危機爆發後，他在紐約金融界的朋友開始歇斯底里的打電話給他，因為他用美元灌滿世界市場，他的朋友全都是即將垮台的華爾街避險基金長期資本管理公司（LTCM）的債權人。

噢，科羅拉多泉的齒模技工，或奧馬哈市的消防隊員打電話到聯準會時，一定不會接通。但是花旗銀行執行長或摩根信託銀行的頭頭打電話來時，聯準會主席一定會親自接聽。他們說，這種情形代表西方文明的末日，這場慘劇可能導致下一個大蕭條，聯準會主席原本就不是精明或強硬的人，因此他開始拯救自己所看到的每一個人。這只是葛林斯班為他朋友所做的事情，也就是每次有金融業者打電話來時，他就安排紓困。

不錯，如果他讓一些債權人破產一定會爆發若干問題，空頭市場一定會跟著出現，美國經濟體系的盈餘已經承受壓力，但是如果他讓市場自行發揮力量，雷曼兄弟公司應該會繼續營業，貝爾斯登公司應該會繼續經營。這些公司會提列嚴重的虧損、承受痛苦的折磨，因此他們會開除很多無能的員工、資產負債表會削弱，最後會帶給他們好處。這些公司倒閉的原因是：過剩的資金在帳戶裡到處遊走，讓過度自信的無能之輩可以推動可疑的財務工程計畫。

葛林斯班拒絕讓市場自由運作，他根據愚蠢的信念，再配合一大堆一廂情願的想法來干預市場，他認為拯救朋友脫困對每一個人都有利。他是短視的思想家，根據恐慌心理行動。葛林斯班博士認為，二〇〇〇年一月一日千禧年轉換會嚴重打擊所有人，因此他運轉印鈔機直到新千禧年順利轉換為止。

他最大的優點和政客一樣。資本主義的運作方式理當是有人出問題時，會以失敗收場，精明能幹的人會出面接管資產進行重整，然後從健全的基礎上重新出發。葛林斯班的方法是支持失敗者，他和政客從能幹的人手中把錢拿走，交給無能的人，還告訴無能的人：「拿去，政府支持你，現在你可以用他們的錢加上我們的支持，跟能幹的人競爭。」首先，這種做法代表可怕的道德觀（道德觀一直都不是支撐政客、官僚的行事力量），也是不健全的經濟學。經濟衰退，譬如破產和財務失敗，像森林大火一樣具有破壞性，卻可以清除矮樹叢和枯木，燒光這些東西後森林會從健全的基礎上茁壯成長。

經濟政治學家熊彼得（Joseph Schumpeter）於一九四二年寫道：「這種創造性破壞過程是資本主義的基本事實，是資本主義的精神，也是每一家資本主義公司必須奉行的事情。」

還記得舊式行動電話創造新財富後，卻遭到創意十足的黑莓機摧毀，接著黑莓機又敗在蘋果公司之手。你希望回到道路到處是電話線、尋找公用電話的日子嗎？連超人肯特（Clark Kent）都不用電話亭。

要是葛林斯班在任期內，尤其是在一九九八、九九年，讓市場自行發揮作用，我們應該可以避免網路泡沫，華爾街的企業應該會碰到我所比喻的森林大火。但網路泡沫破滅時他又大印鈔票，促成後來的房地產泡沫與消費泡沫。他就是覺得鈔票印得不夠多，又看不出自己的愚蠢，為了掩飾自己的失敗政策，便從學術界找來一位長春籐大學學者、擁有經濟學博士學位的普林斯頓大學終身職教授柏南克（Ben Bernanke）背書，柏南克是唯命是從的人，後來繼任他主掌聯準會。

二〇〇二年，柏南克進入聯準會後曾經在華府的經濟學家俱樂部發表演說，表達他的貨幣政策方針，當時他說了一段很有名的話：「美國政府擁有一種科技，叫做印鈔機（或今天相同的電子設備），因此幾乎不花半點成本就能隨心所欲的印美鈔……我們斷定在紙幣的資助下，政府只要下定決心就可以創造較高的支出與正值的通膨。」

你可以稱他小葛林斯班，他們屬於同一個朝代。這兩位知識巨人同心協力，發動二〇〇八年全球金融海嘯大風吹遊戲。

葛林斯班鼓勵人人出門花錢，鼓勵大家不必付頭期款就申貸浮動利率房貸，購買一棟房子，最好是購買兩、三棟房子，即使買家沒有工作也沒有關係。他在房價永遠不可能下跌的荒謬假設下，壓低利率、推升購屋狂潮，同時讓銀行承做這些不良放款而賺到

JIM ROGERS
羅傑斯語錄

任何大風吹遊戲就像市場的歷史變化，最後人人都是輸家，輸家的人數持續增加，所有一切都從這裡開始陷入下跌循環。

天文數字的費用，卻把壞帳重新包裝，用證券化的方式銷售出去，從而配合葛林斯班把風險分攤出去。與此同時，評等機構裡二十六歲、剛步出大學，沒有市場經驗的年輕小夥子，每星期為這些垃圾衍生性金融商品發出千百個AAA最佳評等。當時，我和一些人士都疾呼：國王沒有穿衣服。

我早在二〇〇三年就警告房市泡沫會爆發（請參閱拙作《資本家的冒險》），但是就像所有的狂潮一樣，懷疑論者的話很少人相信。懷疑論者不是遭到嘲笑，就是備受忽視。我不只是預測房市泡沫，還遵照自己的話操作資金，有人問我，以每股五十美元的價格放空花旗銀行股票，以六十美元的價格放空房利美的股票，有什麼道理。有人問我，這些股票會跌到多低。我的答案卻引發了質疑。

「我會在五美元時回補」，我不斷的對媒體和分析師這樣解釋，兩檔股票最後當然都跌破一美元。

有關我的交易預測就談到這裡吧。

任何大風吹遊戲就像市場的歷史變化，最後人人都是輸家，輸家的人數持續增加，所有一切都從這裡開始陷入下跌循環。大風吹大師葛林斯班原本可能使問題更惡化，但是他在聯準會的任期已經結束，他把工作留給柏南克和寶森（Hank Paulson）之流的人。

無能的政客

二〇〇八年次貸危機爆發時，寶森擔任財政部長，紐約所有銀行家都拼命打他的電話，厲聲哭喊世界末日到了。他們的末日的確即將來臨，或者表面上看來是這樣。當然，像他們這樣的人看到自己可能破產時，一定會打電話給政府裡的朋友。寶森匆匆趕去見布希總統，告訴他下一個大蕭條即將侵襲美國。

原本就無知無識，連「depression」（蕭條）這個英文字都拼不出來的布希告訴寶森，「你儘量去做」，把為美國爭取最大利益的責任，交給兩年前還是高盛公司執行長的人。高盛也是盤踞在寶森部長辦公室多家銀行中的一家，寶森擔任高盛執行長八年期間主持狂歡盛宴，讓貪得無厭的高盛大吃特吃次級房貸，也就是現在不可能賣出去、他以前的高盛同事哽在喉中進退不得的垃圾票券。

寶森的問題不是要不要進行紓困查核，而是紓困規模應該多大。不管他提出什麼數字，都可以獲得柏南克和蓋特納（Timothy Geithner）的配合。無知的柏南克是主導這場慘劇的關鍵人物，蓋特納是紐約聯邦準備銀行（FRBNY）總裁，負責監督剛剛急轉直下的銀行體系。他顯然比柏南克還無知。

比這兩個人還無知的布希，在八年任期裡把美國的資金丟進水裡，他光是在伊拉克就至少浪擲八千四百五十億美元（這是美國財政部的直接成本，估計總成本約為三兆美元。）對他來說，再浪擲七千億納稅人的紓困資金，根本是無足輕重的事情，他已經把國家這艘船開上礁石。對於第一個離開船身的人，要與留在船上的人說再見時，有什麼方式比燒掉船後所有救身艇更稱心如意呢。

高盛的固定給付退休金計畫最後紓困結束後，寶森只損失一小部分財產，他離開財政部時大約擁有七億美元財產，學術界也給他一分教職。蓋特納的無能得到好報，在紐約銀行業者向歐巴馬政府施壓下獲得任命，取代寶森出任財政部長。這樣做是為了感謝蓋特納主持紐約聯邦準備銀行時「一切聽命行事」，腦袋又簡單、又軟弱無能。

蓋特納只是銀行業者安插在華府的僕人，當業者說天要塌下來了，蓋特納的耳朵就要放軟、要保護他們。歐巴馬知道這些嗎？他發現蓋特納不會申報自己的所得稅時，很可能像所有人一樣驚訝。柏南克的無能也會得到報答，他會保住聯準會主席寶座。

09 資本主義不談破產，好比基督教不談地獄

沒有人比冒著風險，
利用多頭市場賺錢的資本家更了解資本主義、
更感激資本主義。

失落的年代

聯準會主席依法每年必須到國會兩次，報告聯準會的貨幣政策，偶爾還要應國會的召喚，針對很多其他問題作證。我聽過一次柏南克的證詞——當時我在某地的旅館房間，電視機開著——國會議員請他針對美元跌勢發表意見，他回答：除了美國人到國外旅遊外，美元跌勢絕對無關緊要。

我停下手邊的工作，密切的看著電視機裡的這個人，看看他是在說謊還是真的不知道。說這種話，有點像是說太陽是否從東方升起，對一般美國人並不重要，除非他正好看著東方。

假設你擁有ＩＢＭ的股票，ＩＢＭ股價從一百美元漲到兩百美元，用美元計價時你賺了錢，但是如果美元價值下跌五〇%，你根本沒有賺錢，你買不起原本買得起的威士忌，如果買豐田汽車，你的購買力也沒有好轉，因為這兩種進口產品的實際價格都已經倍增。換句話說，就購買汽油在內的任何進口產品而言，你的情況沒有好轉。即使其他產品的價值不變，你持有的美元貶值，表示你的生活水準下降。

如果美元下跌，進口輪胎價格會上漲，即使不買法國米其林輪胎，你身為美國人也一定會受到影響。因為固特異公司光是為了彌補進口橡膠成本的上漲，一定也會提高輪胎價格。如果美元下跌，以美元計價出售石油的沙烏地阿拉伯，收到的價值會減少。你認為這種情形會延續多久？對每一位沙國王公而言，賓士車的價格會上漲，沙烏地人光是為了維持生活水準，就一定會提高油價，最有效又高明的提高油價方法是減少供應。

這就是通膨的噩夢，你可能認為，因為你的ＩＢＭ股價倍增，或是你的薪水提高，你過的日子變得更好了，但是你環顧四周時，會發現你買什麼東西都要付出更多錢，你加油要多付錢、買食物要多付錢，和每一種東西相比，你擁有的美元價值愈來愈少，和其他貨幣、稻米、黃金相比，也是如此。

美元跌勢對美國人購買的每一樣東西，對你所做的每一件事情，對世界其他國家碰到的絕大部分事情，都會有廣泛的影響，這就是經濟學。柏南克在國會作證時說美元跌勢無關緊要，看起來他不是在說謊，你必須假設他在誓詞的約束下有一點緊張，因此我得到的結論是，他所知道的東西甚至比我想像的還少。

回頭看看他多次的宣布，看看他這麼多年來所做過的很多預測，你很快就會清楚，他說的任何事情都不正確。他對經濟學或金融所知極少，他不知道市場怎麼運作，他唯一真正了解的事情是怎麼印鈔票。他還沒有想通目前的危機不是流動性危機，而是償債

JIM ROGERS 羅傑斯語錄

如果印鈔票可以帶來繁榮，
辛巴威應該是世界上最繁榮的國家。

能力危機，現在到處都有很多資金。事實上，這場危機的理由之一是過去十到十五年內，美國與歐洲各國的中央銀行對市場供應太多流動性。便宜的資金太多，導致房市與消費泡沫，泡沫破滅時就為世界帶來信用問題。人民、機構和政府在財務方面過度擴張，無法清償債務，銀行把所有垃圾票券變成次貸債券時，就引發債務爆炸。今天有適度償債能力的人不會借不到貸款；流動性不是問題，問題是太多人破產。

柏南克似乎不了解這一點，大蕭條期間，流動性的確是問題，因為政府政策誤導的關係，交易開始枯竭，銀行得不到流動性的支持，整個體系因而崩潰。柏南克看不出流動性和償債能力之間的區別，認為當前的危機完全是一九三〇年代的翻版。這種時刻是他等了一輩子的時刻，他的整個學術生涯都在研究印鈔票，你給這個傢伙一台印鈔機，他會以最快速度開動印鈔機，就像拿著鐵錘的人把什麼東西都看成釘子一樣。但是你用更多債務，無法解決債務太多的問題，如果印鈔票可以帶來繁榮，辛巴威應該是世界上最繁榮的國家。

柏南克主政期間沒有人破產，每個人隔年都會得到金額龐大的獎金，每個人都繼續保有藍寶堅尼千萬跑車，但是科羅拉多泉可憐的齒模技工卻失去工作和房子，因為政府把向他和其他納稅人收取的鉅額資金灌注在金融體系裡，支撐銀行的不良資產。政府藉著購買已經證明庸庸碌碌之徒失敗事業所發行的債券，獎勵失敗和無能，偶爾還獎勵違法之徒，這樣做好比把有用的資金丟在差勁的用途上，從而妨礙成長。只要是能幹的人，看到所有不良資產閒置在那裡，等著向優良資產要錢，一定都會嚇跑，同時帶走資金，留下停滯不前、沒有新動力推動成長的經濟。

一九九〇年代初期，瑞典碰到類似的不動產泡沫，面對崩盤狀況。但是政府拒絕為每一個人紓困，很多人破產；這段可怕的期間延續了兩、三年。但是瑞典從此開始蓬勃發展，現在是世界上最健全的經濟體之一，今天瑞典的貨幣比大部分貨幣強勁多了，原因之一就是瑞典經歷了那一段艱困時期。一九九四年墨西哥碰到同樣的事情，一九九〇年代末期，俄羅斯和亞洲國家也一樣，所有這些國家都熬過折磨，很多人破產，所有國家經歷可怕的痛苦後都以健全、穩定的腳步成長，走上欣欣向榮的道路。

一九九〇年代初期，日本碰到龐大的不動產與股票泡沫。我第一次環遊世界時，曾經騎著機車暢遊日本，當時日本鄉村俱樂部會員證的價格比一棟房子還貴，日本人樂意付出這麼高的價格打高爾夫，的確令人肅然起敬，但是泡沫已經走到高峰，最後終於破滅，一切都崩盤，政府拒絕讓任何人倒閉，結果就是我們現在所說的「殭屍」銀行和「殭屍」企業，也就是我們稱之為「行屍走肉」的機構。十年後，我第二次環遊世界經過日本時，日本的自殺率是先進國家中最高的，人人都極為沮喪，都在尋求保障，大家極力爭取公家機關的職位，日本人把一九九〇年代稱為「失落的十年」。

現在失落的十年變成失落的二十年，在崩盤二十多年後的今天，日本股市仍然比一九九〇年的水準低七五%，自殺率仍然很高，生育率卻是先進國家中最低的水準，沒有保障和對未來沒有信心的感覺並沒有消退。當年美國即使淪落到大蕭條，股市暴跌九〇%，都能在幾個月後觸底，但日本卻經過二十多年還沒有觸底。日本政府支持失敗企業的做法，反而使這場危機遷延不決，這種方法卻是美國政府現在選擇要走的路。

美國以前碰過嚴重的崩盤。一九〇七年整個金融體系土崩瓦解，但是卻在二十世紀強勁復原。回顧美國歷史，可以發現很多銀行、保險公司垮台、州郡縣市破產的例子。第一次世界大戰後，美國碰到嚴重的經濟衰退，但是政府努力平衡預算，聯準會提高利率、抑制通膨。美國人承受好多個月的痛苦折磨，最後得到喧囂二〇年代的報答。如果華府人士讀歷史或了解經濟學，就不會再動用納稅人的錢支持失敗者。

多年來世人承受金融恐慌和金融慘劇的折磨，這樣不好玩，卻常常發生，但是世界還是存活下來了。我們再看看日本，一九六六年日本碰到驚人的崩盤，每一家證券經紀商都破產，這是世界末日嗎？不是，每一家經紀商和每一家投資銀行都獲准破產，隨後的二十五年，日本創造奇蹟般的成就，超越二十世紀下半葉任何一個國家。

但是美國現在選擇走上日本走過的道路，擔心下次選舉的政客，擔心下一筆獎金、苦苦哀求的銀行家當道。美國成為有史以來最大債務國，現在人人都把手伸出來，聯邦政府腐敗，富人像其他既得利益團體一樣也有資格得到給付。大家樂觀相信美國以後不會有經濟衰退，不會有倒閉之類的事情，富人也會享受福利。你可以繼續保有藍寶堅尼千萬名車與漢普頓海灘的豪宅，而奧馬哈市的消防隊員和科羅拉多泉辛苦工作的齒模技工，即使必須兼差才能應付這種情勢，還是高興、努力的完成使命。美國政府不會強迫你清算不健全的資產，會付錢給你，要你繼續把不良資產保留在帳簿上，更好的是，政府會買這些不良資產，你會因為失敗而得到補償。

日本人談論自己兩個失落的十年，而美國將來也會碰到兩個失落的十年，甚至可能還會有更多失落的十年。

瘋狂的時刻

次級房貸市場土崩瓦解前，我曾經在華府跟故鄉阿拉巴馬州選出的共和黨參議員謝

JIM ROGERS 羅傑斯語錄　日本政府支持失敗企業的做法，反而使這場危機遷延不決，這種方法卻是美國政府現在選擇要走的路。

爾畢（Richard Shelby）共進午餐，他當時擔任參院銀行、住宅與都市事務委員會主席，負責監督房利美公司。

我說：「我希望這家公司不會在你的監督下爆炸」，我解釋，我已經放空房利美的股票，我也認為這家公司做假帳、肆行詐欺。他想了一分鐘後說：「噢，你可能說對了」，但是他希望我了解，房利美和房地美對「此地」諸公提供的政治捐獻，超過任何一個既得利益團體。政府不可能要求他們自清，這些做假帳的傢伙更不可能進監牢，我根據這個簡單的理由相信每個人都拿他們的錢。謝爾畢的觀察很銳利。

雖然我可以找到詐欺的案例，卻不相信崩盤是犯罪行為造成的結果。無能的水準普遍到讓人生氣，當時我有太多的話要說，我努力說服別人相信這家公司是弊案一樁：說這家公司一定會倒閉、說明為什麼這家公司會倒閉，但換來的卻是那些看來十分聰明、野心勃勃、善意十足的人說我是瘋子。每個人都獲得來得又快又輕鬆的金錢，認為警告這種做法行不通的人很可笑。這時是瘋狂的時刻，因為央行的關係，數量驚人、來得輕鬆的資金到處流竄，如果你的行動夠快、人夠精明，你所做的任何事情都會讓你賺到更多錢。

很少人知道房子是蓋在砂子上。我認為，推出ＡＡＡ最高評等的穆迪公司員工，不會認為其中有什麼邪惡的陰謀詭計在作祟。大部分人都是在線上做好自己的工作，最高階層的人支持他們的做法，聯準會主席、財政部長、每個人，都告訴他們房市很安全。葛林斯班督促美國人申請貸款，鼓勵銀行製造衍生性金融商品，認為這樣是把更多錢灌到銀行體系中的好方法。

他說服每個人相信，這樣做對國家有好處。房利美說這些票券很健全，華爾街真的相信房利美交易員比其他人精明，整個情勢就自行滾雪球。葛林斯班的資訊來自CNBC，CNBC的資訊來自某些政府官僚機構，官僚機構卻假設這種資訊來自葛林斯班。二〇〇七年，花旗銀行執行長普林斯（Chuck Prince）告訴《金融時報》：「只要音樂繼續演奏，你就得站起來跳舞，我們現在還在跳舞。」我認為普林斯不知道這些傢伙在他的地下室幹了什麼好事。

不錯，有些人應該進監牢。你很難看出房利美公司董事長兼執行長雷恩斯（Franklin Raines），居然不知道自己的所作所為是詐欺。他年復一年、季復一季，每季都申報公司盈餘成長一五％。我對投資業務了解夠多了，足以知道你不可能證明這種數字正確無誤。但是銷售這家公司債券而賺到大錢的華爾街，卻從來不質疑他的說法，提出質疑的人很可能會丟掉工作。如果由我來處理，雷恩斯應該在二〇〇八年進監牢，而不是違反常理的獲得歐巴馬競選陣營的意見徵詢。

如果由我來處理，經營美林公司的歐尼爾這個傢伙，應該關在美國監護最嚴密的李文沃思（Leavenworth）監獄，而不是在被他搞垮的美林公司掃地出門時，拿到一億六千萬美元分手費。

這種事情已經持續幾千年了，歷史上太多這種例子。事實上人會變貪，銀行家、神職人員、學者、政客都一樣，在日子特別美好時尤其如此。大家會抄小路，會做在正常狀況下不會做的事情，因為日子很美好，因為到處有太多的興盛繁榮，別人不會要他們負責任，股票上漲，投資會得到報酬，即使是小路也讓大家賺很多錢，沒有人質疑，甚至沒有人關心實際上發生的事情，因為他們對自己賺到的錢極為滿意。

狂潮掩蓋了極多的罪惡。

巴菲特說的好：「只有在潮水退去時，你才能夠發現誰在裸泳」。

大蕭條後，紐約證券交易所總裁、惠特尼博物館據以命名的世家子弟惠特尼（Richard Whitney）遭到逮捕，以侵占罪起訴，他認罪後在星星監獄關了三年多，要是股價繼續上漲沒有人會注意或關心，因為每個人都會賺到非常多的錢。二〇〇一年，恩隆公司爆發同樣的弊案，財務長華斯陶（Andrew Fastow）因為推出創意十足、意在隱瞞公司虧損的手法，獲得同事的讚譽，變成企業英雄，一直到華爾街開始諸事不利時為止，當時證管會發現他和恩隆的同事欺騙大眾（華斯陶當時也欺騙同事）。他承認通訊與證券詐欺罪名，然後跟他的同謀一起進了聯邦監獄。

並非只有企業界才會發生這種事情，在一九六〇年代我所知道的美國，如果你指控天主教神父有任何行為不檢的地方都是難以想像的事情，你提出這樣的指控後，可以預期的是即使你不被輕視，也會碰到沒人理會的局面。但是最後隨著教會的力量式微，大家逐漸接受俗人可以質疑神職人員，進而希望得到真正答案的觀念。隨著世俗世界介入神職人員的權利中，隨著時局變得愈來愈困難、教區逐漸枯萎，這時大家才看出教會是性罪犯的庇護所。只有到了這個時候，大家才敢說：「對，這些傢伙真的是卑鄙小人！」

並非只有企業界才會違法犯紀，這也不是什麼新鮮事，違法犯紀永遠跟著我們，無能也一樣，這兩種行為都不應該受到獎勵。經濟減緩是無可避免的事情，自從美國建國以來，經濟減緩就定期出現。我們在二〇〇二年碰到一次定期的經濟減緩，二〇〇七到〇八年的經濟減緩嚴重多了，因為債務增加到驚人的地步。

下一次美國要怎麼應付？我們不能把國債再度增加四倍，不能再度瘋狂的印鈔票，美國人能否僥倖的再逃過一次？我覺得懷疑。美國的確不可能再逃過兩次，這個十年的

JIM ROGERS
羅傑斯語錄
事實上人會變貪，銀行家、神職人員、學者、政客都一樣，在日子特別美好時尤其如此。

某個時間，整個體系會崩潰。一九〇七年美國的體系崩潰時能夠救活，是因為美國當時是崛起的國家，從債務國升級為債權國。當時美國處在上升曲線，美國現在則是處在下降曲線的債務國。

二〇〇八年，政府要是讓眾多的失敗者倒閉，某種安全網應該會發揮作用，因為政府當時具有足夠的償債能力，大家應該會碰到三年可怕的歲月，但是到現在應該已經復原。然而我們錯過這種機會，下次再碰到這種情形時，我們不會有足夠的資金，大家對政府不會有足夠的信心。亞當．斯密（Adam Smith）說過：要花很多力量才會造成國家破產，但是我們已經走上這條路很久了。

二〇〇八年前，聯準會的帳簿上有八千億美元的資產，主要是政府公債，後來這個數字暴增將近四倍，出現在資產負債表上的大部分資產都是垃圾，總得有人要為這種事情付出代價，誰會比美國納稅人更適於付出代價呢？柏南克說，他會繼續購買不良資產，他這樣做是確保美國央行的死亡，如果情勢惡化夠嚴重、夠快速，我們可能在聯準會崩潰前就廢除聯準會。美國史上曾經有過三個中央銀行，前兩個央行已經消失，現在這個無疑也會倒閉。

資本具有不可知的性質，這是我們所遵循的體系中的自明之理。所有的資本都關心安全和獲得最高的報酬。有人提出這一點當成批評，當成資本主義邪惡的證據。不錯，或許這是事實，卻也是世界運作幾千年的方式。沒有人比冒著風險，利用多頭市場賺錢的資本家更了解資本主義、更感激資本主義。我們應該放任企業垮台，跟雷曼兄弟命運相同的企業愈多，整個體系會變得愈好過。

就像前太空人，當時擔任東方航空公司執行長的鮑曼（Frank Borman）所說：「資本主義不談破產，就像基督教不談地獄一樣。」

10 東方之旅

佩姬和我約定，以後不管我們在什麼地方，
如果家人需要看牙、醫療都要搭機飛來新加坡，
因為這裡的醫療照護品質無處可比。

樂樂上學去

我們搬到亞洲時女兒樂樂才四歲，但是她兩歲時我們已經開始尋找定居的地方。二〇〇五年夏季我們停留在上海，表面上，上海是我們最優先的選擇，因為我認為上海會成為世界下一個偉大的城市。

二次大戰前，上海股市是亞洲最大的股市，是介於倫敦和紐約之間最大的證券交易所。當時的上海欣欣向榮，是蓬勃發展的藝術、文化和金融中心。戰爭摧毀了上海，毛澤東把上海變得更糟糕，但是六年前佩姬和我進行千禧年之旅時曾經在上海停留過一段時間，所以知道上海是我們該去的地方。

我在一九八八年橫貫中國之旅時曾經拜訪上海證券交易所，上證設在一條沒有鋪柏油的馬路盡頭，門面相當破爛，占地約二十八坪，只有一位職員負責。你要買股票得走到櫃檯把錢交給這位職員，這是櫃檯股票的交易做法，由職員用算盤計算交易金額。當時只有幾檔股票公開上市，我買了一檔銀行股是為了這檔股票的歷史價值，而不是因為這檔股票的真正價值。

在美國公共電視台當時拍攝的紀錄片裡，我預測中國前途一片大好，我買股票時在旁白中說道：「我正在創造歷史，總有一天，我會把很多錢投資在中國。共產革命前，中國擁有東方最大的股票市場，如果我的預測正確，總有一天，中國會再度擁有東方最大的市場。」

我們在上海租了一棟商業公寓住下來，有點類似住在旅館裡，商業公寓是為了較長期居留而安排的。這是間完整的公寓，附有家具、刀具、杯盤，床單之類的東西，而且提供房間整理服務，是企業為派往國外出差員工所做的居住安排。

你只要走進公寓打開電燈，插上電腦電源，就像回到家一樣。我們喜歡上海的一切，只有一個例外，就是可怕的空氣汙染。我們回紐約前，幾乎就像後見之明一樣，決定到新加坡停留三星期，住類似的商業公寓。

隔年，也就是二〇〇六年，我們在夏季安排同樣的行程，只是這次的行程表中加上香港，香港的空氣汙染也相當嚴重。到二〇〇七年，這種旅程已經變成我們的年度儀式，我們再度訪問這三個城市，也在北京和中國其他城市停留，最後決定搬到新加坡長住。

單單新加坡的空氣品質，就足以淘汰中國城市的競爭力，當然還有其他因素。新加坡基本上是華人的城市，七五%的居民是華人，但是新加坡和上海不同，英文是新加坡

JIM ROGERS 羅傑斯語錄

我正在創造歷史，
總有一天，我會把很多錢投資在中國。

的官方語言，是政府和企業的通行語言，我要冒著言過其實的風險提醒你，我和女兒不同，我不會說中文。香港像上海一樣，是活力十足、非常刺激的城市，我們不選擇香港原因之一是那裡的華人說廣東話，只是逐漸被中國的普通話取代。

因此就是新加坡了。

二〇〇一年四月我們環遊世界時曾到新加坡植物園，聆聽新加坡交響樂團的音樂會。我們沒有看到警察，因此印象深刻，現場看不到任何執法措施，我當時心想，要是在紐約中央公園舉行類似的聚會，應該會動用一個小小的旅級警察部隊，我對佩姬說：「對小孩來說，這裡應該是很完美的地方。」

為新加坡加分的地方，還有世界最好的教育制度，健保制度也很完善，而且和亞洲每一個地方都不同的是，新加坡任何事情都能運作順利，當時佩姬和我約定，以後不管我們在什麼地方，如果家人需要看牙、醫療都要搭機飛來新加坡，因為這裡的醫療照護品質無處可比。我們申請了永久居留權，表示可以隨心所欲進出新加坡，也可以送女兒上公立學校。

定居新加坡後我們就到處拜訪學校，還請當地人推薦「中國風格最濃厚」的學校。原本希望找到百分之百上中文課程的學校，後來發現新加坡的國民小學都是雙語教學，而且以英文為主，每個學生也要學習自己的母語。第二種主要語文是塔米爾語、馬來語或中文，每位學生都必須學習兩種語文直到六年級。

樂樂就讀的南洋小學母語是中文，校方規定某星期是英語週，校園的所有公告和活動都使用英語，隔週就採用中文。課程所採用的語言要看是什麼課而定，例如數學是用英文教學，公民是用中文教學。行文至此，小女兒小蜜蜂已經進入南洋幼稚園，她們班上只說中文，完全不說英文，因為幼稚園的三位老師剛從中國移民新加坡，只會說中文。四歲小孩的優勢是，如果不會說中文但幾星期內就會學好，因為小孩子就是有這種能耐。

要送小孩上南洋小學並不容易，大家會搶著入學，主要原因是該校有一位備受尊敬的校長王梅鳳，這所學校是教育部長會把小孩送去上學的地方。佩姬和我參加了國小一年級報名說明會，王校長在會中為家長親自說明，解釋想要入學的學童會碰到的困難，我們是會場上唯一的白人，因為派駐新加坡的外國人通常把子女送去上私立國際學校，用自己的語言上課。當時我們信心十足，相信學校會立刻搶著要我們家金髮碧眼、中文說得流利的小寶貝樂樂。不談別的，文化差異和學校對地區分配的需要，對我上耶魯大學極有幫助，現在這些因素應該會發揮力量。

王校長的智慧讓我們動容，她謹守紀律，又把中國文化融入課程中，我們利用機會跟她談話時，她客氣的提醒我們新加坡有很多很好的小學，她建議我們去探訪所有的好學校，她對我們說話的方式不能提高我們的希望，就像她在說明會上所說的一樣：「新加坡是有法規的地方，我們遵照法規辦事，身為新加坡人，你們全都知道法規怎麼運作。」

我們很清楚，王校長和整個新加坡對於耶魯大學或普林斯頓大學怎麼運作，絲毫不感興趣。最後促使樂樂入學的法規中，有一條我們樂於配合的規定，就是學生家長必須住在學校附近、家長必須承諾定期為學校做義工。佩姬打聽怎麼成為家長義工後，就跟學校的英語部門和媽媽讀書會合作。我為學校的教職員舉辦說明會，也協助學校募款，我們從市中心搬到距離學校不到一公里的地方。

中文是講究音調的語言，就這點而言，我對音調或音樂不是很擅長。我第一次帶佩姬到哈林區跳舞時，她問我：「你為什麼不配合拍子？」最後就由她帶舞。每次她和別人跳舞時都直覺這樣做，男伴必須提醒她讓他們帶舞。中文有四聲，你可以說：「我希望把你介紹給我媽媽」，但是如果你說這句話時弄錯四聲，可能會說：「我希望把你介紹給我的馬。」因為我不會聽四聲，所以通常說不重視四聲的英文，但在某些情況下，或有必要時我可以說一點中文，我學到的第一句中文是「冰啤酒」。

中國有很多方言，並非所有中國人彼此都能用談話的方式溝通，卻可以用筆談溝通，因為中國人書寫的文字是統一的。有時候，你會看到中國人設法用英語交談，同時輪流在紙上寫出中文讓對方了解。他們不是世界上唯一這樣做的人民，如果你看過孟加拉人跟蘇格蘭人說話，會注意到他們都自以為說的是英語，但是彼此卻無法了解對方，除非他們把說的話寫下來。

王爾德（Oscar Wilde）談到英國時說：「其實我們現在的每一樣東西都跟美國相同，當然唯一的例外是語文。」

佩姬和我在家裡說英文，管家和家庭教師跟我們說英文，但是我們規定，他們跟小孩說話和跟小孩在一起時只能說中文。就我的判斷，兩個女兒的預設語文是英文，至少我們在場時是這樣。不過她們經常會用中文聊天，我不知道原因，也不了解是什麼事情促使她們這樣做。她們長到十幾歲時，即使她們說英文，我也可能不了解談話內容，如果說中文，我也一定不知道她們在說什麼。她們知道這一點，而且我敢說，她們會在老爸背後議論一切，這一點也沒有關係。

不管效果如何，小蜜蜂目前每星期上四小時的西班牙文課，我不知道她是否學得起

JIM ROGERS
羅傑斯語錄

單單新加坡的空氣品質，
就足以淘汰中國城市的競爭力。

來。我定期和《時代》雜誌的一位編輯碰面，他早年派駐巴黎，因此他五歲的兒子法文說得完美無缺。然而，等到這個小男孩十一歲、舉家搬離法國後他根本忘記法文了，今天對這個年輕人來說，法文就像希臘文一樣難。

我們第一次到上海的那年夏天，樂樂才兩歲，大家會問她：「你的中文是怎麼學的？」她不懂這個問題，因為她沒有「學過」中文，她很像我學英文一樣，成長時就說中文。她所知道的一切就是：有人說這種話，有人說另一種話，如果我要跟她們說話，就要說像她們一樣的話。她不知道自己「學過」中文。

至於小蜜蜂，她猛然了解實際情況時（幾乎可以看到她靈光一閃的眼神）可能會說：「哦，我知道是怎麼回事了。這裡有兩種語言，兩種語言不同，我兩種話都會說，但是並非每個人都能同時說兩種話，包括我可憐的笨老爸在內。」她和我在一起時，會輕聲用英文對白人、用中文對亞洲人說：「我爸爸不會說中文。」我不知道她是否覺得難堪，為她爸爸糟糕的無知道歉，還是只是把資訊告訴別人，客氣的讓別人了解，以便讓別人了解她自己現在所了解的事情。

樂樂和小蜜蜂說的中文，是大家接受的中國央視所說的標準普通話。你可以說，這種普通話等於英國廣播公司所說的英語，因為大家認定這是標準、純正英語的發音。新加坡人說的中文相當不好，他們到中國時會發現別人不容易了解他們說的話。一九七九年，新加坡推動年度說華語運動，提倡大家說正確、標準的華語，不要說方言。二〇〇九年華語運動的文宣包括外國兒童說流暢、發音正確的華語，這些外國兒童包括白人小孩，樂樂和小蜜蜂也在其中。

我們住在紐約時，樂樂和她的中國籍家庭教師倪雪莉曾經到中國城買蛋撻，這樣做是雪莉讓樂樂接觸中文的好方法。有一次，她們到一家只說普通話的店裡，樂樂跟老闆娘說要買牛奶，老闆娘像老師一樣用普通話跟她對話。

「你喝牛奶嗎？」她問道。

樂樂回答說：「對。」

「你的家庭教師喝什麼？」

「她喝水。」

「你爸爸喝什麼？」

「我爸爸喝西瓜汁。」

「樂樂，你媽媽喝什麼？」

樂樂用英文回答：「葡萄酒。」

雪莉回到家告訴我們這件事，佩姬當然十分難過，佩姬和我們共進晚餐時偶爾會喝一杯葡萄酒，但是接下來的一、兩個星期她什麼都喝，就是不喝酒，「噢，看吧，我在喝水」，以免女兒認為媽媽有點像酒鬼，在外面到處宣揚。

噩運催人老

我們的第一個小孩樂樂為我們的生活帶來的歡樂和興奮，根本不是我曾經想像過的事情，我們看著她成長、協助她成長，就這樣陪著她。小蜜蜂在五年後的二〇〇八年出生，我們的喜悅倍增。我們原本可能提早生第二個小孩，但是二〇〇五年秋天開始爆發一連串的事故，我根本想不到要生另一個小孩。那年十月，就在我生日前幾天，我意外捲入別人的犯罪意圖中。隨後的六年，我要在美國醜陋司法制度中證明自己的清白。

一九九八年我創辦羅傑斯國際商品指數後，授權瑞士銀行和日本大和證券換到少許費用。我負責指數的維持，他們根據指數創造投資商品向客戶銷售。我在另一項安排中取得碧蘭管理公司（Beeland Management）過半數股權，這家公司根據這個指數推出兩檔基金，一檔叫做羅傑斯原物料資金，另一檔稱為羅傑斯國際原物料基金。我把這兩檔基金的日常管理交給別人負責後，就出門環遊世界了，希望我對商品的看法正確無誤。

等到我返鄉後情形已經很清楚，我創辦的指數是贏家，績效超過其他指數。碧蘭的客戶都賺到利潤，但公司卻不賺錢，芝加哥兩位經理人甚至出現虧損，原因之一是兩檔基金的規模太小了。公司經營四年雖然商品市場欣欣向榮，不幸的是，這家小公司默默無聞，只募集兩千萬美元基金。改變勢在必行，我回來幾個月後，我們聘請烏爾曼普萊斯證券公司（Uhlmann Price Securities）的普萊斯（Walter Thomas Price）負責經營碧蘭，他們公司的總部設在芝加哥期貨交易所內。

我同時上電視討論商品，提到這個指數所建構的這兩檔基金和其他基金，後來這兩檔基金開始快速成長。三年內，由於我坐鎮、更重要是由普萊斯領導的關係（他拯救大局的能力傑出），公司管理的資產增加好幾億美元。

普萊斯主要是經營自己的公司，碧蘭幾乎就像是他的副業。一開始，他能夠獨力應付一切，後來因為碧蘭在他的領導下大幅成長，需要找人專職經營這家公司。

二〇〇五年，我接受期貨業同業公會之邀，在他們的年會上擔任主講嘉賓，和公會主席墨菲（Joseph Murphy）以及他的一些同僚共進晚餐，墨菲推薦一位人選，而且大家都認為這個人非常好，可以分擔普萊斯在碧蘭的責任。幾天後我接到墨菲的電話，他說

JIM ROGERS 羅傑斯語錄

我看著這些年的照片，發現自己慢慢老去。我以前聽人説，噩運催人老，總以為這只是一個比喻，現在我了解了。

他改變了主意，想到更適合的人選，這個人叫做莫科雷拉（Robert Mercorella），是金融服務業者瑞富公司（Refco）高級主管。

瑞富是世界最大的獨立商品經紀商，是芝加哥商業交易所最大的經紀商，那裡正好也是墨菲工作的地方。當時墨菲擔任瑞富全球期貨部門主管。我聽過瑞富，但是當時對這家公司印象並不深刻，瑞富曾經在一九七八年幫希拉蕊・柯林頓（Hillary Clinton）投資活牛期貨，短短十個月把她投資的一千美元增值到十萬美元，變相的酬謝柯林頓。

我和瑞富的執行長班奈特（Phillip Bennett）見過幾次面，班奈特是英國人，曾經上過劍橋大學，我上過牛津大學，因此我們聊了一些往事。就我所知，他在業界備受尊敬，畢竟他經營業界最大的經紀公司之一，在世界各地大約有二十萬位顧客，他的高級主管墨菲還是期貨同業公會主席，一樣名傳遐邇，因此莫科雷拉得到這個工作，他的職責是提高碧蘭的基金投資水準。

普萊斯原來透過備受尊敬的老字號經紀商曼氏集團（Man Group）執行交易，莫科雷拉上任後就把基金從曼氏集團移轉到瑞富公司，他說，這樣做會改善很多事情。

例如，這兩檔基金沒有日常的流動性，客戶一個月只能贖回股票一次。轉到瑞富後，兩檔基金就會有日常流動性。而且像富達之類的業者，不會讓顧客購買我們的基金，而是將基金存在公司，原因很簡單，因為他們認為烏爾曼普萊斯公司知名度不夠，現在有了瑞富這麼著名的公司做這兩檔基金做後盾，這種情形會改變，另一個問題也會解決。

我一開始就決定，不希望這兩檔基金利用融資，因為借錢會造成這兩檔基金收到補繳保證金通知，這樣可能會慘劇一場。客戶會拿出全部金額，經紀商依據融資規定繳款後，會把剩下的錢投資在國庫券然後支付客戶利息。在商品交易中，這種做法相當常見也相當容易做，然而，國庫券交易的處理方式效能低落，基金的報酬率並不持續一貫。瑞富有能力更妥善管理國庫券，也能夠以較低的手續費執行交易。

把基金移轉到瑞富名下的確改善了一些事情，移轉開始進行後，墨菲在八月來找我：「噢，我們真正想要的是買下你的公司。」要先說明，他和我初次見面後我接到他的電話，他在電話中推薦瑞富的員工莫科雷拉，取代先前推薦的人選來管理我們公司。這真的說來話長。碧蘭的小股東已經同意一項優厚的交易計畫，打算賣掉公司股票，我為了自己持有的過半數股權跟瑞富談判，但是這筆交易最後以失敗收場，因為跟我合作在歐洲推出類似基金的瑞士迪亞巴森商品管理公司（Diapason Commodities Management）拒絕出售股權，而瑞富認為兩檔類似的基金同時存在沒有道理。

因此我們回歸原來的計畫，基金從曼氏集團移轉到瑞富公司旗下的行動繼續進行，這樣做的目的是要獲得日常流動性、範圍更廣大的流通、更高的信用，為投資人帶來更有效能的基金管理、更高的利潤，和更令人滿意的報酬。

瑞富在十月七日星期五把三億六千二百萬美元的資金，從曼氏集團的獨立帳戶中移轉時，我們曾經交給他們一項清楚的書面指示，規定這筆錢要存在瑞富公司類似的帳戶中。獨立帳戶的意思就是以顧客的名義持有這筆錢，除了顧客之外，任何人都無權索求。就像把你的錢放在銀行的保管箱裡一樣，如果銀行破產你不受影響，錢仍然是你的，你可以把錢拿出來。但是瑞富卻把基金掛在瑞富資本市場的帳戶下，在這種帳戶中，這筆錢得不到保護，瑞富經營階層可以為了自己的目的動用顧客的資產，這種做法在期貨業中是聞所未聞的罪行，幾十年來，顧客、獨立基金從來沒有遭到侵害。

大家很快就知道，瑞富總是動用顧客的錢，非法的轉來轉去，甚至從獨立帳戶中提領出來。長久以來，瑞富欺騙過很多人。瑞富跟我們打交道時，正在進行公開上市程序，處理初次公開發行事宜的投資銀行包括高盛、美國銀行、瑞士信貸銀行和波士頓第一公司，所有的投資銀行都對這家公司進行過嚴密的查核。要是我們再多等一個交易日才移轉資金，情形就會大不相同，但是移轉的時機糟糕透頂，到十月十日星期一，因為班奈特犯下重大詐欺罪的消息傳出，瑞富垮台了。五天後班奈特被捕，十月十七日瑞富聲請破產，創下美國史上第四大的破產案（後來公司呈交修正過後的文件），現在沒有受到保護的三億六千二百萬美元，變成瑞富資產的一部分遭到凍結。

訴訟律師垂涎欲滴、訴訟迅速進行，律師控告所看到的每一個人，包括碧蘭公司和我。我在多個法院遭到控告，不過公司提出的文件清楚顯示，我跟公司的管理毫無關係。沒有人想通我們為什麼會被告，我們也是瑞富弊案的受害者，情形看來似乎只是低級的嗜血律師在爭奪報酬，他們提議和解很多次，但是我們拒絕付錢，因為我們知道自己的立場正確無誤。

幸運的是，很多法院和法官都同意我們的說法，案子根本沒有進展到需要審判的地步。最後，每一件訟案都遭到駁回，原告接二連三的撤回告訴，只有一檔基金的投資人例外，他叫做利里（Clancy Ridley）。他跟他的律師克萊（Steve Clay）一樣，都是我在耶魯大學的同學，他們堅持到最後還是放棄了，因為法官駁回他們的每一樣請求。

碧蘭公司清清白白全身而退，我也一樣，股東拿回應該拿回的錢，還多拿了一點（在破產案中，你通常只能拿回一小部分的錢。）但是這一切都耗費驚人的個人成本，這件事情讓我耗費很多年精神，即使是無辜的旁觀者也會捲進訴訟，律師設法把事情說成好像我手裡拿著槍，走進去把錢搶走一樣。我認為，訴訟會持續到他們知道打不贏官司

JIM ROGERS
羅傑斯語錄

保護自己免於訴訟、一再查核、再三查核，
驚人的成本是美國國際競爭力下降的主要原因。

（他們永遠不可能打贏官司）而放棄訴訟為止。

但是對我來說，跟他們對抗令人沮喪、代價慘重，以至於我寧願付錢給他們，擺脫這種事情。這種局面具有毀滅性的力量，一開始容易讓人意志消沉，到了結束時我已經筋疲力盡。我看著這些年的照片，發現自己慢慢老去。我以前聽人說，噩運催人老，總以為這只是一個比喻，現在我了解了。

訴訟使我耗費了時間與精力，再生一個小孩的念頭變成無法想像。我極為沮喪，當初努力完成這麼美好的事情：編製這檔指數、抓對時機，其中一檔股票還快速成長，為投資人帶來獲利。我的做法很成功，卻被未接受考驗的傢伙欺騙，挨告是預料中之事。

我不知道佩姬是否知道我多麼沮喪，焦慮讓我長出白髮、摧毀一切，每天早上我打開電腦都會看見律師傳來的電郵，「唉，我的天啊，還有這麼多訊息」，雖然知道自己走在勝利的道路上，但還是得看一堆文件，如果沒事還得回覆這些電郵。每次勝利的滋味愈來愈不甜美，個人的勝利不代表訴訟的結束。這種折磨持續不斷，我設法不讓佩姬知道我多麼沮喪，我儘量把這件事跟她隔離開來，我在不太討論這種事情的年代成長，我們有一個兩歲的女兒，我必須努力維持一切。

如果一開始就不成功

訴訟是美國成長最快速的行業之一，美國的律師數目超過其他國家的總數。在美國，訴訟費用占經營事業成本的一大部分。不論是在企業、教育或健保體系中，保護自己免於訴訟、一再查核、再三查核，驚人的成本是美國國際競爭力下降的主要原因。

美國現在把一七%的國內生產毛額用在健保，是世界平均水準的兩倍，比花費第二大的德國還高出好幾個百分點，但花這麼多錢卻沒有做出什麼成績。如果醫生把一半的力量花在確保自己不挨告，就不會進行很好的肝臟手術。耗費過多額外費用讓病人接受不必要的檢驗與療程，以保護醫療人員因誤診導致的法律問題，就無法進行便宜的肝臟手術。

訴訟造成醫療成本升高，而醫療成本升高就推動健保費用上漲。如果公司要支付昂貴的健保費，就無法生產有競爭力的汽車。德國和日本醫師不必耗費這些額外費用，表示德國汽車比美國更有競爭力，日本的拖拉機遠比美國有競爭力。除了健保費用，美國汽車公司的責任險成本（為了保護自己，免於訴訟成本）更加重美國汽車公司的的成本，其實，汽車廠商應該降低這種成本，多花點錢改善汽車性。通用汽車公司花在律師的費用，正是BMW和本田兩家公司花在工程技術的費用。

蓬勃發展的訴訟文化波及美國經濟，影響每樣東西的成本。每家漢堡店計算營運費用時，都必須考慮健保與責任險成本。這是美國才有的現象，國外沒有這種事情。我們在新加坡投保房屋險時，我請為我們承保的女士納入訴訟險，她告訴我有這種險種，卻解釋說，訴訟險幾乎不會影響保單的整體保費。她說：「這裡不會發生這種事情。」她說對了。你可以說美國也是這樣，不過這是五十年前的情形。

這種情形在英國出現也在歐洲其他國家出現，但是情況沒有這麼嚴重。美國大型法律事務所在這些國家都設有事務所，歐洲的司法體系不像美國法院那麼容忍討厭的訴訟。大部分歐洲國家的法院規定，敗訴的一方必須支付勝訴一方的法律費用。這種做法在美國行不通，在美國提出訴訟不用花錢，不管你的主張多麼荒謬，都不會有財務損失的風險。

責任險律師是以收費的方式運作，從打贏官司得到的賠償中抽取一定比率，比較精確的說法是，從和解金額中抽取一定比率。責任險律師難得打贏官司，而且甚至不努力打贏官司，他們知道被告了解為案子辯護所花的費用，遠遠超過和解費用。即使打贏官司，除了耗掉所有財產外，也可能耗費你所有的時間和精力，害你過著多年難過的生活，或是像羅氏公司執行長畢許所說的：害你進監牢。你可以修改跟市場有關的一句名言：律師保持不理性的時間，可能比你保持償債能力的時間還久，或是說，比你保持正常的時間還久。

你一定在電視上看過律師宣傳自己的服務，他們的員工主要工作就是搜尋新聞、注意禍事、找出受害者，更重要的是，找出被告。為了提高利益，他們會搜尋提告地點，選擇在某個地方提出特定的訴訟，尋找史上曾做出較高判賠金額的司法轄區和法官。這是我在兩個州、好幾個法院挨告的原因。我很幸運，案子還在預備階段，例如需要繳交鉅額保證金之前，法官就把案子駁回。這種威脅的目的是要提高壓力，迫使被告和解：「唉，糟了，他們要傳喚我小學三年級的高齡老師」，律師會株連很多人，因為這樣可以讓你更加煩惱。

愛德華茲（John Edwards）就是因擔任律師而賺到財富，曾代表北卡羅萊納州當選聯邦參議員，在二〇〇八年因投入總統大選涉及多項重罪遭到起訴，面臨三十年刑期。這是刑事罪，可不是民事案件。他發現自己站在法院的另一邊，相當接近地獄。檢察官利用愛德華茲賴以致富的司法體系起訴他，在起訴瑞富公司的案件中，法院判決該公司外聘首席法律顧問柯林斯（Joseph P. Collins）犯了證券詐欺罪，最近法院駁回了上訴。

JIM ROGERS
羅傑斯語錄

律師保持不理性的時間，
可能比你保持償債能力的時間還久。

本書寫作時，還不知道法院會不會重新審判。

政府對抗詐欺犯時經常獲勝。班奈特承認犯了多項罪行，判處十六年有期徒刑，葛蘭特（Tone Grant）判處十年有期徒刑。瑞富執行長馬吉歐（Santo Maggio）和前財務長特洛斯登（Robert Trosten）承認詐欺罪，願意以汙點證人交換從寬判決（特洛斯登正在等待宣判，馬吉歐在二〇一二年一月去世。）墨菲被指名為未被起訴的共犯。

莫科雷拉曾經離開瑞富公司（瑞富內部員工告訴我，他們把他當成雙面諜派到我們公司），後來又回到瑞富直到公司垮台。二〇〇八年十一月，瑞富破產後不到一個月，把期貨與商品業務賣給曼氏集團旗下的經紀部門曼氏金融公司（Man Financial），兩年後從曼氏集團獨立成為公開上市公司，改名曼氏金融全球公司（MF Global）。二〇一一年十月，曼氏金融全球公司在曾任紐澤西州長的執行長柯辛（Jon Corzine）經營下爆出大新聞，因為申報獨立顧客帳戶基金短少約十六億美元，最後聲請破產，成為美國史上規模第八大的破產案。

如果你一開始就不成功……

11 移民國家

如果你打開一扇窗，蒼蠅蚊子會飛進來，
但是開窗的目的是為了接納陽光和新鮮空氣。

新加坡之道

新加坡的住宅大致分為三類：一是住宅發展局蓋的公寓；二是私人公寓（包括集合公寓）；第三種是由私人擁有、蓋在地面上的住宅單位。最後這種房子包括市區洋樓之類的相連住宅，以及新加坡人稱為「高級平房」的房子。我們租的高級平房是彼此相連、附有院子的獨棟住宅。

只有一二％的新加坡人住在私人住宅，八八％的人住在政府蓋的公寓。新加坡政府從一開始就知道，要建立穩定的社會就必須把部分利益提供給公民，因此新加坡政府決定為每一個人提供住所。由於新加坡經濟發展快速，政府蓋的公寓比四、五十年前漂亮多了。早期的公寓逐漸拆除、更新，比較新的公寓有很多是由國際知名建築師設計，都附有美國高檔集合公寓所應該有的公共設施。公屋在新加坡不是經濟弱勢的象徵，住宅發展局蓋的公寓迎合各所得階層，不過第一次承租時訂有薪資限制，現在九五％的公民擁有自己的公寓。

新加坡成功的關鍵因素之一，是擁有很高的儲蓄與投資比率。新加坡的個人儲蓄率高居世界第一，每個人都為將來儲蓄與投資，很多亞洲國家也一樣。然而，新加坡採用強迫儲蓄制度，必須把二〇%的所得提撥到中央公積金這種全國性退休基金，雇主必須相對提撥一六%（每個月從工資中提撥的金額有一個固定的最高限制，年齡較大的勞工和所得低於固定最低金額的人與他們的雇主，提撥的比率比較低。）你可以把儲蓄用在健康照護、教育或購買房子，這筆儲蓄是放在你自己獨立帳戶中的自有財產，但是不能把中央公積金儲蓄拿來買瑪莎拉蒂千萬跑車，也不能用在迪斯可舞廳狂歡，或是到墨西哥的坎昆度假。

我們住的地方離學校只有八百公尺，新加坡有些人知道我是騎著腳踏車送孩子上學的白人。這一部腳踏車其實是三輪車，是荷蘭人發明的東西，前面有一個木製車廂，車廂裡有兩個位置。新加坡像加州一樣是汽車社會，五十年前新加坡人都騎自行車，但是富裕後就想要展現自己的富裕，便拋棄自行車購買汽車。上海和亞洲其他城市也是同樣情形，但是現在交通變成日漸嚴重的問題，自行車又捲土重來。

為了減少巔峰時間交通壅塞的問題，新加坡在一九九八年裝設電子道路收費系統。道路上方的橫樑裝了感應器，汽車裡會有一張現金卡，感應器會自動扣減使用道路的費用。電子道路收費帳戶有很多用途，使生活變得非常簡單，例如你到停車場，停車場會自動計算費用。在美國，要繳費給收費站收費員和停車場管理員，新加坡不是這樣，新

JIM ROGERS
羅傑斯語錄

新加坡成功的關鍵因素之一，
是擁有很高的儲蓄與投資比率。

加坡是小島，亂設收費亭會使問題變得更嚴重。

新加坡的教育更是做得很好。我搬到新加坡的目的是要增廣女兒的教育，希望她們了解亞洲、精通中文，但是我也了解她們會接受嚴格的教育。一九五〇年代我念中學時，認真準備考試和做作業的學生經常會遭到嘲笑，即使在耶魯大學，認真念書的學生會被稱為書呆子。我不確定美國現在是否有所改變，但新加坡絕對沒有書呆子，新加坡的文化非常重視教育。

有一天樂樂放學後說，新加坡美國學校二年級沒有家庭作業。她沒有生氣，只是真實的陳述。她是一年級學生，每天至少要做兩小時家庭作業，美國學校的老師卻不出功課給學生。我必須承認，偶爾會懷疑自己鼓勵她花這麼多時間做功課，到底對不對，她是不是不應該這麼擔心帶回家的作業呢？

以她的年齡來說，只是玩耍會不會比較好呢？學業負擔會傷害八歲小孩嗎？樂樂十八歲時會有什麼變化呢？或許她會說：管他的，我要從軍，就不必做一大堆作業了。她很投入，總是興高采烈的寫作業，但是不管她表現好或不好，我都會疑惑當她四十二歲時功課對她會有什麼影響。我們是移民家庭，我們會跟著新加坡人的腳步前進。

我最近和一位活力十足、很成功的中國企業執行長談話，她是四十多歲的婦女、擁有博士學位、有一個兒子，我告訴她我女兒的事情時，她說我對待樂樂的方式錯了，女學童應該只要玩耍、只要快樂就夠了。這位女士在一九七〇年代出生，她在中國經歷巨變時設法取得博士學位。她居然叫我放輕鬆，忘了學校的事情。她說：如果樂樂希望拿博士學位，很好，她會辦到的，但是沒有理由逼迫她，讓她自由發揮，不要管她。她的說法引起我的共鳴，今天的小孩過度操勞，我小時候家門總是開著，我們都跑到外面玩耍，因此我不知道對待兩個女兒的方法是否正確。

新加坡學生的國際測驗常常名列前茅，亞洲的小孩在這種測驗中總是勝過美國的小孩。美國人用自尊教育小孩，佩姬和我都認為自尊要靠自己爭取。樂樂上學的前兩年，成績在同年級中都前百分之五，今年她的中文成績接近滿分，樂樂因此贏得自己的自尊。在新加坡必須努力用功，在學校才會有優異表現，這種態度也影響實際生活，我相信這點是亞洲人表現這麼好的原因之一。美國沒有競爭力，導因於在家庭和學校的學習態度。

新加坡教育體系中有一種嚴格的考驗叫做小學離校考試，每一位六年級學童都要參加，成績如何會決定前途——至少會決定一段期間內的前途。成績公布時，在這項全國性考試中名列前茅的學生照片、連同家長的照片，會刊登在新加坡報紙的頭版，這是新加坡重視教育的例證之一。新聞界用很多篇幅報導在學校表現優異學童的事蹟，要是在美國，這種重視程度只保留給中學和大學運動員而已。

我們定居新加坡時，也同時帶來美式教育的傳統，就是我們沒有電視機。我住在紐約四十年，家裡從來沒有電視機，現在我想不出有什麼好理由應該買電視機。但是現在我們旅行住飯店時，樂樂第一件事就是打開電視機，而且希望坐著看一整天。

「好了，樂樂，我們走吧。」

「我不想出去，我想看電視。」

「樂樂，電視上說的是德文。」

「我不管，我要學德文。」

我們都喜愛維也納，偶爾會住在那裡的五星級薩赫酒店（Hotel Sacher），這家酒店的特製薩赫蛋糕赫赫有名，這種巧克力甜點是在一八三二年，由這家酒店創辦人的父親研發的。酒店在一八七六年開幕，二次大戰結束、四強占領維也納時曾經充當英軍指揮處。樂樂曾經告訴我們，她二十歲時要搬到薩赫酒店，整天看電視，我們就奈何不了她。

小蜜蜂還小，還不會說這種話，不過我猜也快了。

我們在新加坡過的很好，我看不出有什麼理由要搬走。當然，過去我也看不出有什麼理由要搬離住了四十年的紐約，要是有搬離紐約的理由，那麼也可能離開新加坡。中國人說「富不過三代」，每一種文化都有類似的說法，美國人也說「白手起家又回歸白手」。家族中的某個成員發了大財，然後這個人的孫子或曾孫最後可能淪落到領取失業救濟金。中國人這句話已經流傳千百年，這句話可以用在國家和家族。很多國家崛起，然後又歸於沒落，英國人和西班牙人碰過這種事，埃及和羅馬也一樣，現在這種命運正降臨美國。

中國是唯一創造三、四次盛世的國家（盛世後是長期的嚴重衰微）。可想而知，這點跟哲學有關。從歷史可以看出中國文化極為強調教育，儒家尊師重道，即使在今天的中國，還是可以看到千百年前皇帝樹立的碑文，紀念在科舉考試中表現優異的學而優則仕的學者。

但是新加坡極為成功，累積了極多的財富和專業知識，因此我認為在我一生中，新加坡不會失去這些優勢，除非新加坡犯了嚴重的錯誤。在小蜜蜂的一輩子裡，新加坡會失去這種優勢嗎？噢，這樣是漫長的時光，離現在有一百年。

新加坡是移民國家，五十年前新加坡有一百萬人住在沼澤中，現在新加坡有五百萬

JIM ROGERS 羅傑斯語錄

美國人用自尊教育小孩，
佩姬和我都認為自尊要靠自己爭取。

人口。英國統治期間移民開始湧入，今天新加坡公民和永久居民中，將近四分之一在新加坡以外的地方出生，總人口中將近一半也是這樣。新加坡基於好幾個理由，鼓勵移民。一開始時，新加坡需要資本和專門技術，今天新加坡提倡移民是因為要應付嚴重的人口問題，新加坡人口迅速老化，出生率卻是世界最低的國家之一。

新加坡的人口問題極為嚴重，因此政府已經監造新型的一棟半公寓，就是一間標準公寓附加年老父親或母親可以居住的套房。政府提供多種獎勵，鼓勵夫婦生小孩；政府也設立婚友社，以便增加結婚人數。現在新加坡持續依賴移民，但因為地小可以對移民嚴格篩選，尋找精明、成功、教育程度良好的移民，即使需要巴士司機也是如此。其他國家，例如美國有三億人口，就不能這麼奢求了。

不幸的是，過去幾年新加坡爆發一些反彈。居民抱怨公車太擠、學校太擠，這些話都不是事實，但是政府卻因此放慢接受移民的速度。政府為了讓人民有時間適應湧入新加坡的外國人，至少在近期內，是根據政治權宜採取行動。人民行動黨從獨立以來選無不勝，但二〇一一年選舉，八十七席國會議員工人黨獲得六席，這是歷年來反對黨得到最好的戰績。

換個角度看，新加坡和世界其他國家沒有不同：碰到問題時，外來移民順理成章的就變成代罪羔羊，人民要尋找發洩對象時，首先就怪罪外國人。他們的語文、宗教、膚色、飲食都不同，覺得他們的食物聞起來很臭，但移民也認為新加坡人的食物很臭。我在世界各地都聽過針對外國人所發的怨言，尤其情勢不順利時更加如此。新加坡人怪罪馬來人、印度人、歐亞混血人種，甚至怪罪華人，說「他們和我們從中國遷來這裡的祖父母輩不同」。事實上，他們是因為技術和教育背景才獲准移民新加坡，他們可能比你的祖父母輩還優秀。

任何地區鬧出仇外消息的次數，都比不上我成長的地方。二〇一一年六月，阿拉巴馬州爆發仇外情緒，通過州眾議員五十六號法案，大家認為這是美國最嚴苛的反移民法案，這項法案對阿拉巴馬州造成毀滅性的衝擊。當年九月法律生效時，成千上萬的移民出於恐懼，拋棄工作、學業和家園，逃離阿拉巴馬州，農作物留在田裡腐爛，重創該州產值五十五億美元農業。因為阿拉巴馬州二五％的建築工人離開，四月時遭到龍捲風摧毀的建築重建工作陷於停擺。

這項法案的政治支持者宣稱，推動法案的目的是要釋出就業機會，讓失業的美國人有工作可做，但實際情形正好相反，阿拉巴馬州居民不願意接手遭到他們汙蔑工人留下來的工作。通常由拉丁美洲後裔充任工作的就業部門毫無成長，估計阿拉巴馬州可能喪失十四萬個工作機會。如果考慮法案支持者替州政府，在健保、社會服務所省下的開支，阿拉巴馬州的的損失還是有約一百一十億美元，占該州國內生產毛額的六％，其中還不包括州和地方損失的三億三千九百萬美元稅收。

二〇一一年十一月，這項法案生效後不久，德國賓士汽車公司一位高級主管，從德國到該公司設在托斯卡路撒郊外的工廠出差，卻因為護照留在旅館而遭到當地警察以非法居留罪名逮捕。阿拉巴馬州國土安全部部長——不錯，阿拉巴馬州也有這種部會——說：「警察看來似乎是正確執法。」一個月後，派駐在阿拉巴馬州林肯市本田汽車公司的一位日籍經理遭到警察攔檢，告發他持有無效駕照。這位日本人使用國際駕照，並以護照作為證明，仍然不被接受。

外國企業雇用阿拉巴馬州五％的人口。ＢＢＶＡ康百世公司（BBVA Compass）的後台老闆（譯註：西班牙對外銀行）已經取消一項提案，不再投資八千萬美元在伯明恩興建銀行大樓，中國的金龍精密銅管集團正在重新考慮是否投資一億美元，在湯瑪斯維爾（Thomasville）建廠。南韓現代汽車公司在蒙哥馬利市設有工廠，年產值十四億美元，占阿拉巴馬州國內生產毛額二％，現在支持移民的人士已經對該廠施壓，要求該廠反對這項法律。

這項法律對經濟造成可怕的衝擊，使阿拉巴馬州議員看來愚不可及，仇外情緒的社會、人道成本自己會說話。這項法律的合憲性已經在聯邦法院遭到挑戰。一位法官描述，這項法律立法前的辯論是「對西裔美國人充滿貶抑的說法」，白宮反對這項法律，主張移民管轄權屬於聯邦政府。

不管有關聯邦權限的這個問題如何解決，制定這項法律的州議員為了自己的愚蠢行為，在經濟和政治上飽受指責後，已經被迫重新考慮考慮這項法律，結果如何尚在未定之天。

和移民有關的戰爭在各州之間，繼續以不同的方式進行。

打開一扇窗

美國最強盛繁榮的時代在移民法制定前出現。移民法是在一九二〇年代在三K黨的煽動下，出於恐懼和極端的無知制定的，這項法律歧視所有移民，包括義大利人、天主教徒、猶太人和跟他們完全沒有關係的人。在移民法制定前，美國的邊界開放，世界所有國家的邊界也一樣。

JIM ROGERS
羅傑斯語錄

馬可波羅並沒有拿護照，哥倫布也沒有拿護照，要是我們的祖先需要拿到許可才能來到美國，美國一定不會變成現在這樣。

馬可波羅並沒有拿護照，哥倫布也沒有拿護照，要是我們的祖先需要拿到許可才能來到美國，美國一定不會變成現在這樣。如果拉法葉（Marquis de Lafayette）或潘恩（Thomas Paine）必須申請簽證，我們可能不會有今天的美國。促使美國強盛的的若干著名工業家，包括卡內基（Andrew Carnegie）和艾斯托（John Jacob Astor）都是移民。

歷史上，最繁榮的社會都是向世界開放。十四世紀末葉，要是大家希望打包行李搬到撒馬爾罕，大家就會這樣做。撒馬爾罕位在中國和地中海之間，是絲路上的著名城市，也是富裕而且極為興盛的文化十字路口，是帖木兒所創蒙兀兒帝國的首都，是國際性大都會，是語言與宗教的大熔爐。四百年前，在第一個千禧年即將結束時，世界人口最多的城市是西班牙安達魯西亞的科多華，科多華是興盛一百年的回教王國首都，這個城市在種族、文化和宗教上是多元發展，是知識中心，擁有世界最大的圖書館之一，促進科學、哲學、地理、歷史與藝術的重大進展。

大家會從世界各地蜂擁來到這些城市，這些城市會變得更偉大，這就是門戶開放的結果。鄧小平說過：如果你打開一扇窗，蒼蠅蚊子會飛進來，但是開窗的目的是為了接納陽光和新鮮空氣。

佩姬和我環遊世界到澳洲的雪梨時，有一位企業高級經理人與我們共進晚餐，他對移民滿口怨言。我發現這種情形多少有點虛偽，因為這位企業家和他妻子就是移民，原本是紐西蘭人。我提醒他這一點時，他所能想出最有道理的答案是：「我們不同，當時不同。」你隨時都會碰到這種想法：「我已經進來了，現在應該把門關上。」我到加州演說時，看到少年時舉家從歐洲移民美國的一位企業家有相同的反應。他說：「我的家族不同。」最激烈的反移民情緒，偶爾會出自移民本身。

如果由我決定，所有國家的邊界都應該開放，這樣會促進更自然的潮流起伏，使每一個國家更有活力。新血輪、新資本、新觀念，總是為社會和經濟帶來好處，使我們變得更有創造力。歷史上最熱衷移民的人是野心勃勃、精明能幹、精力十足的人，是你希望雇用的人，今天和帖木兒的時代沒有不同。

有一篇報導（我不記得什麼時候看過，卻記得確實看過）指出，一位古巴人在身上綁了桶子出海，橫渡佛羅里達海峽抵達美國。噢，他到達時，警察在海灘上等著要逮捕他，把他遣送回古巴。他上岸時如果我在場，我會當場雇用他，而不是逮捕這個傢伙，我會給他工作，他正是我希望替我工作的那種人，是夠勇敢、企圖心夠強，願意做這種事的人，而且他夠聰明，想得出怎麼做到這一點還存活下來。你希望手下有這種人，你希望這樣的人住在美國，他們就是來到新國家、建立企業、創造財富的那種人。

我記得一九九〇年騎機車環遊世界抵達西伯利亞，來到海參威東方約八十公里的港口城市納霍德卡，一位港口官員問我怎麼獲得遊歷許可——不是遊歷到俄羅斯，而是從美國開始遊歷的許可，他希望知道的是：你到底是不是想走就可以走，想回國時就可以回國？在蘇聯社會主義生活中的他聽到很多謊言，其中一項就是全世界的人民都不准離開自己的國家，要是離開自己的國家就不准回國。我回答「是」的時候，他似乎並不驚訝，他很可能已經從停泊在納霍德卡灣船舶上很多外國水手口中，聽到類似的答案。但是他的問題突顯我要說的重點：移民和訪客會讓大家接觸外在世界，到最後，這種事情只會帶來好處。

子曰：「有朋自遠方來，不亦樂乎？」這是二千五百年前哲人說的話，今天有朋自遠方來不但令人高興，而且對人口老化的國家還是絕對必要的事情。從這點來說，新加坡並不孤單，歐洲正在迅速老化，我們甚至可以在美國看到老化的跡象，這是大部分已開發國家面臨的問題，很多社會都知道自己必須適應這個問題。退休老人不會興建工廠、開創事業和雇用員工，他們不是創造資本的社會成員，我們也不應該期望他們這樣做。資深公民依靠他們有權享受的社會服務，是資本的消費者，不是資本的生產者，處在工作年齡的年輕人才能夠生產資本。

隨著已開發國家日漸富裕，出生率隨之減少。有錢可用的人不需要養兒防老，老年時也不需要子女照顧；在現代工業社會中，大家也不需要子女下田工作。養育子女要花很多錢，你可以把錢用在巴哈馬群島度假之旅，為什麼要用來送第二個或第三個子女到曼哈頓私立小學呢？今天連沒有大筆退休儲蓄的人，都可以依靠一世紀前並不存在的社會安全網。宗教的力量也沒有過去那麼強大，天主教徒在教會鼓勵下，一向都以生很多小孩聞名，今天義大利和西班牙兩個主要的天主教國家，卻列名世界出生率最低國家之林。

在沒有移民補充的情況下，國家只有一個方法能夠解決需要年輕人的問題，就是生更多小孩。我猜還有第二個方法——《格列佛遊記》（*Gullivers Travels*）作者史威夫特（Jonathan Swift）在諷刺之作《中肯的建議》（*Modest Proposal*）中提出一個人口再利用的方法，就是你可以把老年人當成食物出售，但是現在卻沒有人提出B計畫。

日本是一個實驗觀察案例，日本的出生率堪稱世界最低，平均壽命堪稱世界最高，寵物的數目比兒童還多，日本正在變成老人國度，老人很多，卻沒有人撫養他們。日本政府估計，五十年內，日本四〇％的人口年齡會超過六十五歲。日本以極為封閉聞名，使問題變得極為難以解決，日本是世界上比較仇外的國家之一，聯合國二〇〇五年提出

JIM ROGERS
羅傑斯語錄

歷史上最熱衷移民的人是野心勃勃、精明能幹、精力十足的人，是你希望雇用的人，今天和帖木兒的時代沒有不同。

的報告指出，日本的種族主義根深柢固。日本比較樂於採用B計畫，比較不樂於增加移民。

討論人民的自由移動，一定會讓大家思考自由本身。目前世界出現的變化中，沒有多少事情比美國人視為理所當然或習慣的自由，出現更重大的變化。

12 自由國度不再自由？

放棄基本自由以求一時安全的人，
既不該享有自由也得不到安全。

自由國度新紀元

不必說明犯了什麼罪行就有權力把人關進監獄，尤其是否認法律之前人人平等，這是非常可惡的行徑，這也是納粹、共黨等集權政府的根基。

——邱吉爾

布希前總統對人民說明蓋達組織，在二〇〇一年九月十一日攻擊美國的原因時表示：「他們仇視我們的自由……」為了論證起見，我們姑且不理會他愚蠢之至的分析，只考慮他對恐怖分子所採取的反應。

其實他是在配合恐怖分子。根據他自己的說辭，他決定把恐怖分子想要的東西交給他們。恐怖攻擊發生後六星期，布希簽署法律，剝奪美國公民已經享有二百多年的自由，照他的說法，他所剝奪的自由正是恐怖分子仇視的東西。

布希推動立法和簽署生效的愛國法，加上美國人現在所遭到的各種限制，包含蓋達聖戰組織極為熟悉的那些規定。愛國法納入集權國家的法律條文，納入集權政府否定人民權利、助長恐怖分子的法律。我們現在居住的國家，變成不必證據就可以竊聽，可以進行不合理的搜索與拘捕，可以無限期拘留，可以採用制度化的刑求，美國現在就像集權國家一樣設有偵監部門，而且名稱取得相當不吉利，叫做：國土安全部。

和鄰居不和睦嗎？不喜歡鄰居所吃食物的氣味嗎？你可以打電話給國土安全部告發他，說這個傢伙行動詭異，政府會把他丟進關塔那摩黑獄，關個五、六年，經常偵訊他，讓他有很長一陣子不能來煩你。二〇一一年九月，中央情報局利用無人飛機，在葉門狙殺兩位美國公民。他們有罪嗎？可能有吧，我們永遠不會知道，沒有逮捕、沒有律師、沒有法官或陪審團、沒有審判……目前美國有一個祕密委員會處理這種事，這是美國這個自由國度的新紀元。

在美國歷史上，的確有過對暴民動用私刑的紀錄，無辜的人民遭到國家與暴民迫害。但是至少在理論上，對抗這種迫害的保障一直都存在，即使實際上並非總是如此；至少在理論上，法律禁止政府未經審判不能處決罪犯。現在的變化不是政府逾越權限──林肯總統甚至還暫停人身保護令──而是政府這種作為已經變成大家可以接受，偶爾還會得到讚揚。

我已經學會不信任政府，我建議每一個美國人都這樣做。而且至少四十五年來，我

JIM ROGERS
羅傑斯語錄

美國樂於放棄自由國度的美名，匍匐屈膝，
拱手把權利讓給誘導我們驚恐莫名的政府。

對政府的懷疑一直都很明顯。一九六七年，我進入維吉尼亞州李氏堡的預備軍官學校時，曾經和約十萬位反戰人士一起進行那年著名的進軍五角大廈遊行。然而，我擔心自己的懷疑只能持續一代，至少我覺得，家父那一代相信別人告訴他們的一切，今天逐漸成年的一代非常像家父那一代，比較不像我這一代。

今天的美國人並不相信政府說的一切，但不知道為什麼，卻總是覺得「不需要」相信政府說的一切。從越戰的死亡人數，到入侵伊拉克之類同樣虛構的理由，幾乎什麼事情都沒有改變，只有大眾照單全收政府扭曲說法，和所編造故事的意願變了。有人說，真理排在戰爭傷亡名單中的第一位，雖然這是描述性的說法，現在卻變成怪異的慣例：美國政治結構已經改變，認為戰爭賦予政府有說謊的權力。對民選的政府官員來說，要統治美國還有什麼方法，比說美國處在戰爭狀態更好呢？從二〇〇一年起，美國就一直處在這種狀態中。

美國建國時根據的基礎原則是：你的權利不是政府賜予你的，而是政府不能奪走的東西。這種原則是十八世紀下半葉，對其他國家而言的確是很陌生的觀念，這種觀念具有革命性，而且要靠革命才能實現。唉，美國再也不是這樣的國家，現在每個人的第一原則就是必須臣服於國家的特權之下。

一九八〇年時，我們選出一位很會說好話，實際上卻無所作為的總統。他對人民承諾「擺脫有如芒刺在背的政府」，但口惠而實不至。二〇〇四年，我們把一位競選連任的總統再度送入白宮，這位總統的人望來自他暗示性的承諾：要讓政府「擺脫有如芒刺在背的人民」。我們的政府組織現在變成兩百年前，投奔美國的移民與難民極力逃避的那種制度。我們超越了建國先賢，做了一位建國先賢在一七五九年警告我們不要做的事情。

富蘭克林（Benjamin Franklin）說過：「放棄基本自由以求一時安全的人，既不該享有自由也得不到安全。」

美國樂於放棄自由國度的美名，匍匐屈膝，拱手把權利讓給誘導我們驚恐莫名的政府，我們將來會發現，要把美國說成是勇士的故鄉，多少會有一些心虛。

放棄美國公民身分

本書出版時，有一項讓美國人無法開外國銀行帳戶的法律會生效。假設你是福特汽車公司的經理人，調到德國分公司會在當地開銀行帳戶，支付雜支，提領歐元。根據二

○一三年一月一日生效的外國帳戶納稅法，外國銀行收你這位客戶可能會太麻煩。

按照規定，美國人必須向美國政府申報外國銀行帳戶，我納稅時就是這樣做。但是我開戶多年、依法定期申報這些帳戶的兩家外國銀行打電話給我，他們說：對不起，我們很喜歡你，但是我們不再接受美國客戶，而且我們正在剔除既有的美國客戶。為什麼？因為過去由開戶人負責申報的規定，現在以更麻煩的方式由外國銀行申報。

根據新法，沒有和美國國稅局簽約、承諾要管理美國客戶帳戶的外國金融機構，在美國境內營業所得，要面臨預先扣繳三○%的懲罰。這些金融機構認為自己不是美國財政部的分支機構，沒有拿美國政府的錢，不必做分辨客戶、為客戶申報之類的額外工作，例如針對某些客戶的存款扣稅；而且，外國金融機構發現守法辦事的成本高的嚇人，乾脆就封鎖美國公民；即使這種做法有錯，其中總是有訴訟和罰款的額外風險，因此有效的解決方法是封鎖美國人。德意志銀行、瑞士信貸銀行與滙豐之類的歐洲銀行從二○一一年起，開始關閉所有的美國經紀商帳戶。

這項法律引發的資本外逃恐懼很有道理。別人告訴我，要在倫敦放棄美國公民身分，現在要排隊六個月，在日內瓦要排隊等待十四個月。五十年前、甚至三十年前，會這樣做的人少之又少，最著名的例子可能是坦伯頓（John Templeton），他身兼共同基金先驅、慈善家，也是億萬富翁，在一九六四年放棄美國公民身分，以免為他出售坦伯頓成長基金的這檔國際投資基金，繳納超過一億美元稅負，他定居在巴哈馬群島，歸化為巴哈馬和英國的公民。

今天要放棄美國公民身分要排隊等候，新加坡美國領事館牆上貼了一張價目表，一項、一項列出不同服務的收費，還同時列出今年和去年的價格。我最近到美國領事館換新護照，注意到放棄美國公民身分要收費四百五十美元；二〇一〇年時是免費（到當年七月為止）。顯然過去有一段時間裡，不必事先預約就可以走進領事館，辦好這件事。現在當然需要預約，必須經歷領事官員勸阻你、請你離開、叫你下次再來的過程，領事官員會用各種拖延和勸阻手法，一方面是為了保護你，確認是自願而且有意放棄公民身分，另一方面是因為放棄美國公民身分，近來已經變得有點像是一種運動。

美國人無法保有外國帳戶，只是這股潮流背後的原因之一。銀行監理官署依據愛國法辦事，使住在外國的美國人愈來愈難以保有美資銀行的帳戶。根據設在日內瓦的顧問團體美國外國公民協會的說法，美資銀行在愛國法反恐條文的嚇阻下，正在結清設址在外國的美國籍長期客戶的帳戶，作為謹慎自保的手段，結果是美國僑民現在變成了有毒公民。

JIM ROGERS
羅傑斯語錄

全世界正躍躍欲試，準備實施使當年大蕭條更為惡化的「以鄰為壑」政策。

美國是世界上少數根據公民身分，而不是根據居民身分課稅的國家之一。美國僑民遭到雙重課稅，除了要繳納所定居國家的稅負外，還要繳美國的稅，如果你放棄美國公民身分，財產淨值超過兩百萬美元，別人會認為你是為了稅務原因才放棄公民身分。

你可能希望當和尚，身無分文的住在西藏的山上。但是如果你依據市價計算的淨值超過前面所說的兩百萬美元，或是你過去五年的平均稅負超過某種水準，政府會說你前往香格里拉不是為了靈修，而是為了避稅。因此你必須繳納僑民稅，也就是繳納根據你資產淨值計算的脫籍稅。《經濟學人》週刊把這種稅稱為美國的柏林圍牆。美國和前東德、北韓、古巴、伊朗、前蘇聯，和一九三〇年代的德國一樣，操縱法律、留住公民，要是公民設法放棄國籍，這種做法偶爾還會阻止他們恢復國籍。

政客的伎倆

到目前為止，外國帳戶課稅法（FATCA）訂有五萬美元的門檻，外國銀行不必申報低於此金額的美國客戶帳戶，大部分國家的正常支票與儲蓄存款還沒有受到影響，但是我可能很快就無法保有新加坡的銀行戶頭代扣電費。當然，除非……不錯，花旗銀行在新加坡設有分行，我在那裡沒有帳戶，但是如果其他銀行不接受我，那麼我和所有在新加坡的美國人可能別無選擇，只能把我們的帳戶移轉到花旗，或是移轉到也設有新加坡分行的美資銀行，例如大通銀行和美國銀行。

若干歐洲銀行認為，如果美國國會議員制定這項新法律時想到這種事，大家會把這項法律視為一種保護主義，視為是一種貿易限制。外國銀行不會天真到假定花旗銀行可能協助制定這項法律，花旗銀行沒有龐大的境外銀行網路，國會沒有辦法保護自己的朋友。

二〇〇五年，美國眾議院阻止中國海洋石油公司（CNOOC，中海油）併購加州聯合石油公司（Unocal，尤尼科），尤尼科現在是美國第四大石油公司雪夫龍公司（Chevron）獨家擁有的子公司。二〇〇六年，杜拜港口世界公司在美國國會的壓力下，被迫出售該公司新近購買的美國港口港勤業務，賣給美國保險巨擘美國國際集團（AIG）旗下的事業處。雖然杜拜是我們最堅強的盟國之一，美國有一支艦隊以這裡為母港，但是政客高舉著國家安全的大旗，這兩次行動背後的動機都是代表他們的選區，推動貿易限制。

我們這樣對付中國人，也這樣對付我們的堅強盟友阿拉伯聯合大公國。不久之後，法國和巴西等其他國家會跟著我們腳步，在保護主義的掩護下行動。巴西對從中國進口的汽車開徵關稅時曾經指出，美國國會議員捶胸頓足、指責中國操縱匯率之際，持續不斷的威脅要對中國貨開徵關稅。目前國際上普遍認為，如果美國可以這樣做，我們也可以。全世界正躍躍欲試，準備實施使當年大蕭條更為惡化的「以鄰為壑」政策。

一九二九年股市大崩盤拖垮了一些富人，主要是受到崩盤之前泡沫吸引的投資人，但是直接受到泡沫破滅影響的美國人不多。大崩盤雖然驚心動魄，卻不是造成蕭條變成「大蕭條」的原因。隨著崩盤而來的經濟挫敗，當然比正常的經濟挫敗嚴重：當時銀行可以買股票，全美很多小銀行因為這種狂潮而陷入困境，但是接著政客上場，一九三〇年，美國國會制定史穆特霍利關稅法（Smoot-Hawley Tariff），引發美國的貿易夥伴開徵報復性關稅，把經濟衰退變成大蕭條。

我們還沒有看到公然的貿易戰，卻正一小步一小步的往這個方向走去。保護主義浪潮上揚的現象，可以從限制資本自由流動看出來。你可以把這種情形叫做「以鄰為壑的匯率」。各國應該准許追求安全性與資金高報酬率的人，隨心所欲的移轉資金，限制資金外流會鼓勵不良投資，造成國家經濟的扭曲。

國家經濟出問題，例如出現貿易赤字、國債金額升高，以至於匯率貶值時，人人都可以看出經濟情勢不利。人類歷史上，政客都會找出方法，用外匯管制的方式使情勢惡化。他們會利用媒體大聲疾呼：「所有敬畏上帝的美國人、德國人、俄國人，不管你們是哪一國人都要聽我說，我們的金融市場碰到暫時性的問題，問題是邪惡的投機客打壓匯率。我們的貨幣沒有問題，我們國力強大、經濟健全，要不是這些投機客搞鬼，一切都會平安無事。」

政客會移轉大家的注意力，以免被看出問題的真正原因是政客管理經濟失當，政客會點名三種人應該為惡劣的情勢負責，除了投機客之外就是銀行家和外國人，因為即使景氣好也沒有人喜歡銀行家，景氣不好時，大家更不喜歡他們，每個人都認為銀行家很富有，景氣急轉直下他們反而變得更富有。

把外國人當成下手目標比較安全，因為外國人不能投票，在國內事務上沒有發言權，而且請記住：他們的食物聞起來很臭。政客甚至會指責新聞記者，如果不報導經濟重挫，經濟就不會沉淪。因此政客會說，推動這種「暫時性」的措施是為了阻止匯率下跌，所以要限定大家不能或很難把錢帶出國；這樣做不會影響大多數人民，因為你不會出國旅遊或是用其他方式在外國花用現金（請參閱第九章）。

於是政客推出嚴厲的外匯管制，這些措施總是被稱為「暫時性」，卻總是延續很多年。外匯管制像政府想出的任何措施，一旦實施就會在四周築起官僚體系的支持者，他

JIM ROGERS
羅傑斯語錄

人類歷史上，政客都會找出方法，
用外匯管制的方式使情勢惡化。

們唯一的目的是為外匯管制辯護，從而確保外匯管制能夠長期實施。外匯管制會為國家帶來慘禍，資金困在國內不再自由流通，國家不再像過去那麼有競爭力。假設你是美國拖拉機生產者，農夫因為受到外匯管制限制無法匯錢到國外買德國拖拉機，你和美國其他製造商就受到保護，不必面對競爭但會變得愈來愈懶散，你的產品品質會降低，價格會愈漲愈高，國家經濟會愈來愈惡化。

一九三九年英國實施外匯管制，隨後的四十年英國國力繼續惡化。我在前面已經指出，一直到一九七九年柴契爾夫人（在北海石油的協助下）取消外匯管制後，英國經濟才開始好轉。近年外匯管制限制了中國的成長，資金分配效率不佳是中國通膨的原因之一，資金必須有地方去，資金的流出與流入不足時，去處之一是房地產，中國已經出現真正的不動產泡沫，未來幾年內，這種泡沫會造成大量的破產。

每天外匯交易量大約四兆美元，是世界上最大的市場，從旅遊歐洲的背包客到世界各地買賣石油的人，全都聚集在外匯市場。市場上有短期交易者，他們持有部位的時間可能是三分鐘、三小時或三天，市場上也有像我這樣的長期投資人。

我目前持有的主要是商品與外匯部位，我判斷政治風向後，預期外匯市場會出現更多動盪，對精明的投資人來說，外匯市場會出現更多的機會。投資外匯有很多方法，你可以購買外匯期貨，動用極大的槓桿。你可以開立銀行帳戶，例如用瑞士法郎購買瑞士政府公債，或是用歐元購買德國政府公債，美國銀行和經紀商現在可以合法提供你外幣帳戶。新工具逐漸出現，在美國人迎頭趕上、開始投資國外之際，你會看到更多投資外匯的指數股票型基金（ETF）和共同基金。

最後政府會制定外匯管制，就像歷史上的很多國家一樣。華府會禁止美國人進入外匯市場，認為這樣會帶來災禍，為美國的衰微添加潤滑油。但是，在官僚怒罵邪惡投機客和可疑外國人、發現關閉外匯市場在政治上會帶來好處之前，還會有更多人投資外匯。

一九九四年，中國碰到各種經濟問題，放手讓人民幣貶值，訂出人民幣兌對美元的匯率。當時美國政府說中國人真聰明、真是天才，知道要把人民幣匯率釘住美元。現在中國經濟快速成長若還是這樣做，美國政府一定破口大罵說邪惡、卑鄙的共產黨。中國經濟蓬勃發展，我們卻受苦受難，壓低人民幣匯價全都是他們的錯。

二〇〇五年，中國容許人民幣增加若干彈性，讓人民幣略為升值，後來人民幣大約升值三〇％。在自由市場，人民幣應該升值更多，這是因為愚蠢美國政府激烈反應的後果，其實美國的政客可以大聲說：「我們希望美元貶值」，人民幣升值時，美元就會貶值，政客用同樣的話撻伐日本和其他國家。

我是美國公民，並不希望自己國家的貨幣下跌，但是我們選出的民意代表大聲疾呼要求美元貶值，同時，小人物蓋特納還到處說明：「我們贊成強勁美元。」這句話是美國財政部的真言，幾十年來都是這樣，不過這段期間美元卻穩定下跌，政府向人民承諾美元像美國國力一樣強大，但是這些人一到國外，到中國、日本，他們最先說的話是：「我們希望你們的貨幣升值。」（美國貨幣貶值）。隔天，官員又回歸基本面，對記者堅稱美國贊成強勁美元。

事實上，包括財政部長在內的政客和官僚對匯率幾乎一無所知，他們經常見人說人話、見鬼說鬼話，會說出當時最符合政治權宜的話。

13 紙幣危機

對黃金的喜愛是太古未開化時期的遺跡，
起源於這種美好、光亮的金屬能夠滿足人類的虛榮心。

野蠻時代的遺跡

兩個女兒出生時，我除了送英文和中文的地球儀，還送她們每人六個撲滿，因為我希望她們儲蓄。她們擁有儲蓄不同貨幣的撲滿，我不是想把她們造就成外匯投機客，只是想讓她們知道世界上有各種不同的貨幣，所有的貨幣都應該儲蓄。

世界史上有不少時代採用固定匯率制度。十九世紀，大部分貨幣匯率釘住黃金；二次世界大戰後，布瑞頓森林（Bretton Woods）會議的代表把世界各國貨幣的匯率釘住美元，美元則釘住黃金，匯率訂為一盎司黃金等於三十五美元。

匯率固定時，一國的貨幣匯率不見得能夠精確反映國家經濟的健全程度。例如，戰後德國馬克的匯率訂為四馬克兌一美元，德國當時受到戰火摧毀，但是德國人努力重建，工作勤奮、努力儲蓄，變得很有生產力，開始製造精美的高品質汽車，再根據德國還是廢墟時代所訂的匯率，把大量汽車賣到國外。因為德國車極為便宜，引起美國人搶購，因為德國馬克的匯率極低，福斯、賓士和BMW等汽車公司都欣欣向榮。

這十五年裡，德國賣到美國的任何東西，訂價都低於實際價值，因此德國累積了鉅額貿易剩餘，也吸引資本流入。大家希望投資德國，德國產品品質極為優良，德國因此積聚了鉅額的外匯存底；日本靠著銷售數量極多的創新產品到美國，創造出同樣的成就。在正常的情況下，兩國貨幣的價值應該會提高，美元應該會下跌，因為美國的貿易赤字像滾雪球一樣膨脹。但是因為匯率沒有調整，壓力逐漸累積。我們所處的世界動力十足、不斷變化，人為壓制的東西最後釋放時，通常以完全不成比例的規模爆發。扭曲變得愈來愈失衡，最後每一樣東西都爆開來。一九七〇年代初期，尼克森關閉黃金窗口時美元價值暴跌，急劇顛覆世界的狀態。

一九七〇年代，世界各國貨幣匯價開始浮動。如果有人看好英鎊，市場上的英鎊匯率會上漲；一、兩年或三年，匯率可能上漲或下跌；匯率可能每個月、每星期、每天，甚至每小時都在調整。如果某個國家出了問題，市場會進行逐漸的調整，而不是像固定匯率時代那樣爆發突然的危機。

即使改採浮動匯率制度，我們還是會繼續碰到匯率問題，而且匯率的波動可能很大，原因之一是政府和銀行繼續支持失敗者，歐元目前就陷入危機。有人敦促各國回歸金本位制度，這種做法一時之間可能會產生效果，但是政客總是會想方設法逃避這種事，最後問題會再度浮現。

我在《資本家的冒險》一書中曾經寫道：羅馬帝國統治的兩百年期間，政府在自己

JIM ROGERS
羅傑斯語錄

市場會自行決定該用什麼貨幣，政客就無法控制，
如果貨幣貶值，大家就會停止使用，
這樣世界會站在比較健全的立足點上。

鑄造的硬幣中逐漸增加卑金屬的含量。西元五十四年，尼祿（Nero）皇帝在羅馬登基時，羅馬的硬幣不是純銀幣就是純金幣，到西元二六八年，銀幣中只含有萬分之二的白銀，金幣已經消失，因為這時聰明的羅馬人已經把黃金囤積起來，事實上，這一點就是「貶值」（debase）這個字眼的起源。一九三三年，美國總統羅斯福採取大致相同的行動，使美國人不再能夠合法的把美元換成黃金，羅斯福沒收黃金，把金價從每盎司二十美元，提高為三十五美元，等於把美元的價值貶值將近一半。

政府把錢花光時，不會不再花錢，這種情形兩千年前和今天沒有兩樣。政客毫無節制，如果羅馬把白銀花光，如果羅馬經濟管理錯誤出現貿易赤字，要維持美好時光唯一方法就是創造更多貨幣。你可以把柏南克想成穿著古羅馬長袍的人，在硬幣中摻雜非金屬、加速啟動印鈔機，跟現代差別只有科技變化而已。政府不斷的把錢花光，只要出現這種事情，官僚和政客會想出各種方法。

有史以來，人類用過黃金、白銀、黃銅、青銅、貝殼、象牙、活牛……當貨幣。千百年來，人類用黃金當貨幣很多次，用白銀當貨幣的次數更多。告密者舉發耶穌基督是為了賺三十個銀幣，而不是三十個金幣。遇到任何貨幣問題，政客都會想出規避制度的方法，不管是現金、紙幣還是強勢資產制度，他們會想出讓貨幣貶值的方法。

我認為唯一有效的解決之道是，讓個人自行決定要用什麼貨幣。如果你和我簽約時希望用貝殼作為交易媒介，那麼我們就使用貝殼，如果我們兩人希望用糖決算也沒問題。市場會自行決定該用什麼貨幣，政客就無法控制，如果貨幣貶值，大家就會停止使用，這樣世界會站在比較健全的立足點上。

現實是，除了美元之外不能用其他東西解決債務，你我簽約時，以白銀作為貨幣並不可行，因為我必須到市場購買白銀，我把白銀交給你時，要為這筆白銀繳納資本利得稅。如果沒有這種獨占性的貨幣制度，政客會驚慌失措。一九三〇年代，英國陷入困境時政府制定法律規定，如果使用英鎊以外的其他交易媒介就觸犯叛國罪。英國人過去總是有所選擇，因此打破心態很難。

如果我們真的回歸金本位制度，一定會帶來一陣子的紀律與穩定，但是這種解決方法應該只有暫時性的效果，因為政客會想方設法規避紀律規範。貨幣危機會持續下去，直到世界恢復由市場決定什麼才是值得信賴的交易工具，而不是由政府規定。未來三年，我們或許會繼續使用美元，接著，有些人會開始使用黃金、瑞士法郎或人民幣；最後，我們會偏向使用市場發現的最好交易工具。目前我們使用美元，但美元是具有嚴重缺陷的貨幣，有些人已經開始拋棄美元，只是速度不夠快。

一九三四年，曾是銀行家、作家兼財金記者的威瑟斯（Hartley Withers）針對「黃金的前途」，對倫敦皇家國際事務學會發表演說：「對黃金的喜愛是太古未開化時期的遺跡，起源於這種美好、光亮的金屬能夠滿足人類的虛榮心，因此黃金在裝飾酋長、酒杯、盔甲、妻子和神祇的需求很普遍，」他認為，「任何物品的價值如果奠基在人類的野性與愚蠢上，就會像你所能想像的任何東西一樣難以擊破。」因此黃金是保障貨幣價值的好方法。一九二三年，凱因斯在《貨幣改革論》（*Monetary Reform*）中寫道：「金本位已經是野蠻時代的遺跡。」巴菲特批評黃金是「沒有實用性」的東西，是「表現長期恐懼的方法」。我認為，威瑟斯的遠見勝過所有和黃金有關的說法，黃金（及其表現的愚蠢）壽命超過凱因斯，甚至在未來很多個世紀裡，無疑還是正確無誤。

蘇黎世財神

我在一九七〇年開立第一個瑞士銀行帳戶，當時我預測美元會繼續貶值、通膨會繼續下去，固定匯率制度不可能再維持下去。當時英鎊已經貶值一次，法國前總統戴高樂（Charles de Gaulle）又厲聲指責美元與黃金。

我跑到紐約的瑞士銀行，這裡不是辦理零售業務的分行，不是街上隨處可見、大家去存支票的地方，而是大型商業銀行的分行，可想而知，銀行主管覺得困惑。他習於跟通用汽車公司打交道，習於跟經營大量瑞士與歐洲業務的人打交道，這就是他派來紐約的原因，現在這個笨蛋傻小子走進來，希望用跟零用錢差不多的金額，開立瑞士銀行帳戶。

當時我的錢少之又少，剛剛在股市裡虧的一乾二淨，是亂冒放空風險的典型華爾街瘋子。銀行主管樂於幫忙，但是我希望移轉到海外的資金金額極小，因此他不打算打電話回蘇黎世總行請示。我不記得自己怎麼說服他的；我告訴他，我想開瑞士帳戶的所有原因，他起初覺得為難，最後還是讓我開戶。他問我想在什麼地方開戶；他說我必須找一家分行開戶，我告訴他，我不希望分行設在美國；我希望擁有真正的瑞士帳戶，可以持有瑞士法郎。

他不願意替我在蘇黎世的總行開戶（毫無疑問，他害怕總行上司會質疑他的判斷能力），他把我的帳戶放在蘇黎世附近文特瑟市（Winterthur）的一家小小零售分行，他告訴我，因為文特瑟靠近蘇黎世機場，如果我需要這種方便，那裡對我會很方便，現在我變成了真正的國際級玩家，永遠不會知道什麼時候想去看存在那裡的五十美元。

JIM ROGERS 羅傑斯語錄

貨幣危機會持續下去，直到世界恢復由市場決定什麼才是值得信賴的交易工具，而不是由政府規定。

從此我開始從事海外投資、開立外國銀行帳戶，這是很自然的事，如果希望投資德國就應該在德國開戶，這樣做是投資德國最好的方法。我會到最大的銀行開戶，因為要是最大的銀行出問題，政府會接管這家銀行，把這家銀行收歸國有，帳戶裡的錢應該不會損失。當時只要走進銀行就可以開戶，但現在美國人到世界任何地方已經不可能這樣做了。如果美國人走進國外銀行，而銀行也願意讓他開戶，就必須經歷一整套背景與安全查核，但是當年幾乎打電話就可以開戶，我就有好幾次從紐約打電話開戶，說出自己的名字、表達希望開戶，再把護照傳真過去、寄支票過去就行了。現在再也不是這樣了，在自由國度的美國再也不能這樣做了。

辦了瑞士帳戶後讓我回憶起大學時代。我念牛津大學時，那裡沒有很多美國人，吃中飯時通常會坐在一起，我偶爾也會跟他們一起用餐。他們大部分時間都在討論政治，我開玩笑說他們好像都立志當美國總統，但我計畫成為蘇黎世財神（Gnome of Zurich）。他們認為這種想法很有趣，但是因為他們不懂財金，很可能不太了解我的意思。

「蘇黎世財神」是詆毀瑞士銀行家的說法，是我在英國那一年流行的名詞，不過後來瑞士人帶著開玩笑的意味接受這種說法，這個名詞起源於英國左派對投機英鎊的反應，由英國工黨副領袖布朗（George Brown）創造，他參加英鎊沉淪危機會議後宣布，「蘇黎世侏儒財神又在搞怪了。」這樣說，意在影射歐洲民間傳說地下貪心的小精靈、祕密計算自己的財富。英國首相威爾遜（Harold Wilson）承諾要抗拒這股「陰惡」的力量。

瑞士一些著名的銀行，是在法國大革命之後、在拿破崙時代動盪不安席捲法國之際創立的。銀行家逃離法國，翻山越嶺把錢帶到離法國不遠的日內瓦。你會發現，瑞士一些歷史悠久的著名銀行，也就是私人銀行，是在一七九五、一八〇三年創立的。這時瑞士銀行業已經奠定基礎，從文藝復興結束以來，瑞士就一直是國際金融中心，就以金融穩定、經濟健全、貨幣健全和金融保密著稱，早已為規避歐洲政治動盪的富人提供貨幣避難所，這些富人包括逃離斷頭台的法國貴族，到一個半世紀後逃離德國的猶太人。到了現在，瑞士基於同樣的原因，吸引眾多暴君、犯罪集團與騙徒的資金。

瑞士有無條件為客戶保守銀行祕密的傳統，所有銀行當然都應該保護你的祕密，如果五十年前你把錢存在芝加哥的一家銀行，你應該會假設這件事是祕密，但是我們發現美國在這方面已經人事全非，政府可以查看你的銀行帳戶、臥房、郵件，可以查看政府想要檢查的任何地方。瑞士最近很像政府奪走人民的隱私權那樣屈服於美國的壓力，交出一部分的隱私權，保守祕密的傳統已經不像過去那樣神聖不可侵犯。

然而，大家尋找資金避難所時，最先注意的事情是安全性，大家希望穩定、希望知道自己能夠取回資金的保障，希望可以拿回當初存進去一樣多的資金。這種希望完全繫於健全的貨幣，這點正是瑞士法郎能夠提供的東西，問題是，現在這種傳統能否延續下去受到考驗。

我在一九七〇年面對即將來臨的外匯市場動盪時，開了瑞士帳戶，到一九七〇年代結束時，市場的動盪變得更激烈，世界各國的人都設法開立瑞士帳戶。今天同樣的現象再度出現，美元讓人懷疑，歐元讓人擔心，資金再度擁入瑞士法郎。二〇一一年，瑞士法郎兌歐元與美元匯率暴漲到空前新高，到二〇一一年八月，瑞士法郎兌歐元暴漲四三%。按照瑞士中央銀行（瑞士國家銀行）的說法，瑞士法郎「巨幅高估」，央行在出口商的壓力下宣布「瑞士法郎的匯價威脅國家經濟」，還說「準備無限量購買外匯」，以便打壓匯價。

威脅國家經濟嗎？大聲疾呼的人是出口商，但是其他瑞士人都變得更富有了。瑞士法郎升值，進口產品價格都會下跌，不論是棉製T恤、電視機，還是汽車都一樣。每一個人的生活水準會提高，瑞士每一個公民都從強勁的貨幣中得到好處，日內瓦的齒模師傅不會打電話來訴苦，她很高興，她買的東西都變便宜了，大出口商卻拿起電話，而且政府還接他們的電話。

瑞士國家銀行宣布當天，瑞士法郎暴跌七、八％。一開始時沒有人希望觸怒央行，但是央行的外匯干預會變成禍事，會引發下列兩大問題的其中一項。

第一種情境，市場會繼續買進瑞士法郎，表示瑞士央行必須不斷的印鈔票，這樣當然會造成瑞士法郎貶值。有些大出口商可能受惠，但是瑞士最大的產業是金融業。經濟的起伏繫於瑞士能否吸引資本，大家把錢放在瑞士，原因是信任瑞士法郎的健全：他們知道自己要錢時，錢還在，知道錢的價值不會比當初存進去時大幅減損。但是大家不會再爭相把錢送到刻意壓低匯率的國家。

二次大戰後的三十年大家把錢送出英國，原因是英鎊暴跌（政客卻歸咎於蘇黎世財神），倫敦不再是世界儲備金融中心。同樣的，如果讓瑞士法郎貶值，最後沒有人想要，不但侵蝕了瑞士法郎作為交易工具的價值，也減損了瑞士法郎作為資金避難所的價值，資金會搬到新加坡或香港，瑞士金融業會萎縮、消失。

另一種情境是二〇一〇年七月出現的情形，也就是上次瑞士試圖打壓貨幣時的情形。瑞士人用全力買進外國貨幣的方式打壓瑞士法郎，也就是拋售瑞士法郎以便壓低匯率。但是市場就是不斷的買進，瑞士央行的外匯存底暴增四倍後，放棄了這種做法。瑞士央行停止拋售瑞士法郎時，匯價上漲，瑞士買進與持有的外幣價值下跌，以致瑞士損

JIM ROGERS
羅傑斯語錄

瑞士最近很像政府奪走人民的隱私權那樣屈服於美國的壓力，交出一部分的隱私權，保守祕密的傳統已經不像過去那樣神聖不可侵犯。

失二百一十億美元。最後，市場擁有的資金超過瑞士央行，市場力量一定會獲勝。

一九七〇年代末期，每個人都買進瑞士法郎，瑞士央行為了阻止這股風潮，對外國存戶實施負利率，政府對購買瑞士法郎的人抽稅，這是瑞士當時的外匯管制方法。如果你買進一百元瑞士法郎，最後口袋裡會剩下七十元，另外三十元拿去繳稅了。今天買進瑞士法郎的風潮再起，《經濟學人》週刊把瑞士法郎說成是，「歐元區政客無法解決國債危機之餘的無辜旁觀者，美國經濟政策似乎意在嚇跑投資人，日本人也在干預，希望壓低日圓匯價。」

都說對了，但是我認為問題的根源更深層。幾十年來，瑞士在金融上擁有半壟斷的地位，因此瑞士人愈來愈沒有能力、經濟受到過度保護，瑞士航空公司會破產，是因為瑞航從來不必跟別人競爭，任何獨占最後都會摧毀自己，瑞士在可以預見的情況下從內部爛起，因此其他金融中心紛紛崛起，包括倫敦、列茲敦斯登、維也納、新加坡、杜拜、香港。

我仍然留著一九七〇年時買進的瑞士法郎，這些年來，這筆錢大約上漲四〇〇%，當然時間已經過了四十多年，但是四〇〇%不容小覷，何況我還一直收利息，當初我要是把這筆錢放在美國儲蓄帳戶，價值應該減少八〇%。

崩潰的歐洲

一九九九年秋季，佩姬和我從事千禧年冒險時從俄羅斯行經西歐，停留了三個半月才舉行婚禮。要不是為了這場婚禮，我們應該會提早前往非洲。然而，在西歐多停留一段時間有好處，我可以微調對歐盟採用單一貨幣的看法。

我從一開始就覺得，世界迫切需要歐元之類的貨幣。各國央行持有的外匯準備中約有六〇%是美元，我認為美元具有嚴重的缺陷，歐元取代美元、成為主要準備貨幣與交易媒介，可以為這個問題提供解決之道。歐盟的經濟規模與人口都超過美國，因此具有支持一種世界性貨幣的規模與深度。此外，歐盟和美國不同，沒有龐大的貿易赤字。一九九九下半年，我在歐洲時是歐元創立滿一年，大家認為若是歐元能夠成功，世界貿易中的三〇%會改用歐元計價。

然而，當時我已經不期望歐元能夠以現有的面貌存續下去，我現在也不抱這種希望。

歐元是一九九二年馬斯垂克條約（Maastricht Treaty）的結果，正式創立日期是一九九九年一月一日，紙鈔與硬幣從二〇〇二年開始流通。歐元創立時，是以德國、荷蘭和盧森堡的貨幣作為榜樣，意在變成強勢貨幣，而且這些國家的經濟也很強勁。荷蘭、盧森堡以德國為馬首是瞻，加上經濟與貨幣比較疲弱的比利時、法國和義大利，構成歐洲聯盟核心的六個創始會員國。各國最後採用歐元時，歐元區所有會員國（今天有十七個會員國），都同意比照德國模式管理本國經濟。但就這一點而言，連德國人都沒有做好。

馬斯垂克條約規定：會員國每年都不能出現超過三%的赤字。法國為了遵守條約，變成第一個做假帳的國家，法國人決定：今年不會支付退休金債務，要改到明年。今年的情勢看來會很好，明年的情勢看來會惡化，但是明年是明年，我們不必擔心明年。電影《亂世佳人》的郝思嘉就抱持這種財務理論：「畢竟明天是另一天。」法國人的行動相當嚇人，連做假帳幾十年（其實是幾百年）的義大利人都深感震驚。義大利人努力振作後仿效法國的做法，推出義大利版、歷經時代考驗的做假帳高招。

現在大家都對希臘人丟磚頭，但是一九九〇年代末期人人都在做假帳，以便符合馬斯垂克條約的規定。

很快的，大部分國家就開始我行我素，完全不理會馬斯垂克條約，甚至不必裝模作樣，再也沒有人理會這項條約。所有當初簽約的人、所有知道健全貨幣必須仰賴強健經濟的人，不是已經死亡就是早已退休，新人只關心再度當選，財政紀律之類可笑的幻想無法達成這種需求。

目前很多國家無論如何都不可能還請債務，永遠不可能，永遠無法還清。既然如此，歐洲應該怎麼辦？我的解決之道是市場實施幾千年的做法，就是讓這些國家倒債，讓這些國家破產。借錢或投資在這些國家的債主會承受損失，有些債主會承受嚴重損失，但是以希臘為例，這樣做之後，希臘可以從健全的基礎上東山再起，希臘不必離開歐元區，就能這樣做。

美國有很多州破產，很多縣市破產過，例如密西西比州並沒有因為破產就脫離美國，紐約州也沒有這樣做，底特律也一樣，他們都經歷過一陣子的痛苦，大家虧損錢財、工資下降、租金下跌、理髮費用下跌……，全部都下跌，大家會適應沒有錢的現實生活，再也不能寅吃卯糧，沒有人願意再借錢給他們了，但是最終會克服困難，美元也不會消失。

不幸的是，希臘或其他國家的政客會認為，退出歐元區是輕鬆的解決之道。「管他什麼歐元，我們要恢復希臘貨幣德拉克馬！」這樣做是錯誤的。一開始，大家可能爆出一股熱情，每個人都會持有新的德拉克馬，短時間情勢看起來可能很好，但是樂觀氣氛

JIM ROGERS 羅傑斯語錄

歐洲應該怎麼辦？我的解決之道是市場實施幾千年的做法，就是讓這些國家倒債，讓這些國家破產。

不會永久維持。恢復希臘原來的貨幣只是讓政府拿到印鈔票的執照，只是讓希臘人繼續寅吃卯糧。德拉克馬的交易價格會降到極低的水準，以至於希臘的貿易收支會大為改善，但是每個人的財產都會土崩瓦解，沒有人會信任希臘的貨幣，希臘人自己也不信任，沒有人會借錢給希臘，沒有人會到希臘投資。

所有的情境沒有一種可以改變事實：未來數十年，希臘人不會過好日子。借錢給希臘的人都會承受重大的虧損。如果德國總理梅克爾（Angela Merkel）夫人能夠把大家叫來開會，告訴大家：「就這麼辦，這家銀行要關門，那家銀行要繼續營業，這個人要失業……你們都要接受打擊，但是我們可以保證一切都會安然無恙，每一個人的儲蓄都會很安全，支票會兌現，存款人的錢會受到保護，我們要撥出專款，專門用來保障銀行業，整個系統不會凍結起來，不會崩潰。」

這樣說可能使情勢改觀，如果德國總理能夠這樣做，市場會相信，因為當時歐洲各國政府還有足夠的資金，還有足夠的信用。如果這種事情發生在五年後，梅克爾夫人還是能夠把大家叫來開會，整天遊說大家，但是沒有人會聽她的話。到時候問題會變得極為嚴重，會預期出現系統性失敗：市場會說，你們這些人都滾蛋吧，整個系統會崩潰。

依我看來，這種情形正在發生，因為政客沒有採取必要措施的頭腦或勇氣，沒有一位政客談到為希臘紓困，只談到為銀行、為銀行經營階層、銀行的股東紓困，為購買投資銀行債券的人紓困。希臘人會受苦受難，但是銀行會生存下來，企業執行長會繼續領到薪水，股東會領到股息，債券持有人會生存下來。希臘人會失業，會走上街頭，不管採取兩種行動中的哪一種，希臘人都會走上街頭，但如果採用我的方法，情勢會改善，就像二〇〇九年以後冰島的情形一樣，若是採用另一種方法，只會更為惡化。

14 誰也不能違逆供需法則

無家可歸的人不該拆掉別人的房子，
應該勤勞工作蓋自己的房子，進而透過示範，
確保自己的房子蓋好後能夠免於暴力的侵害。

正義的社會

世界糧食價格會上漲，原因之一是全球糧食庫存嚴重短少，如果大自然不合作，例如巴西不下雨，可以依靠的庫存會更少，價格會漲更高。政客會怪罪邪惡的投機客造成價格上漲，但事實是，如果價格不上漲，農民就不會推動新生產。

如果貧窮的麥農坐著說：「噢，我的小麥每英斗只能賣三美元」，他一定不會生產需要四美元成本才種得起來的小麥。但是如果小麥價格漲到八美元，世界上所有的麥農，甚至一些原本不種麥的農人都會開始生產小麥。

同時，大家會對高價的麵包很火大，但是如果我們不願意付這麼多錢，什麼麵包都買不到。這就是世界運作幾千年的方式。前蘇聯共黨試圖推翻供需法則，結果是蘇聯人什麼東西都買不到，短缺變成了日常現象，蘇聯人每天要花兩、三小時排隊買蕃茄或其他生活用品。如果你看到商店外面排了一條人龍，不管店裡賣什麼東西，你都會加入排隊行列。排隊表示有東西送到店裡，不管是什麼你都希望能夠拿到手，即使你用不上，例如，男生也會在女裝店外排隊，因為可以拿去跟別人交換自己所需物品。

試圖勝過市場的人從來沒有成功過，沒有一位教宗、一位回教領袖擁有否認供需法則的力量，但是這樣無法阻止政客。你最近一定有見過政客訂定價格管制，政客這樣做已經有一千年了，雖然從來沒有發生過作用，但政客還是繼續這樣做。幾年前，菲律賓的政客規定稻米價格的上限，農民不再種田，菲律賓人卻不斷的吃米，因為米是當地最便宜的糧食，而玉米和小麥的價格上漲時，菲律賓人繼續消費更多米。可想而知，阻撓生產、消費又增加會有什麼結果，最後菲律賓的稻米所剩無幾，生產稻米又無利可圖，這種政策很快的就走向末路。

一八九〇年代初，德國小麥價格上漲，政客為了打壓「邪惡的投機客」，通過一項法律規定在商品交易所交易小麥違法，隨後小麥價格一飛衝天，政客知道自己犯了錯誤就在三年後廢除這項法律。但是在一九五〇年代的美國，國會在相似的情況下通過跟洋蔥有關的類似法律，而且實施到現在，現在美國期貨交易所中，洋蔥交易是唯一違法的品項。這項法律一通過，洋蔥價格就暴漲一倍，過去十年，洋蔥價格漲幅超過其他農產品。事實上，洋蔥價格很高昂，以至於印度都得實施價格管制。

蘇聯人什麼東西都沒有，什麼東西都沒有人生產，因為價格極為低落。我騎機車遊歷俄羅斯時看到小孩拿一條麵包當足球踢，蘇聯人用人為的方式把麵包價格訂得很低，買很多條麵包比買一顆足球還便宜（要是你能夠買到足球的話），因此小孩就在街上踢

JIM ROGERS
羅傑斯語錄

試圖勝過市場的人從來沒有成功過，沒有一位教宗、一位回教領袖擁有否認供需法則的力量，但是這樣無法阻止政客。

麵包作樂。用麵包發酵的格瓦斯淡啤酒（Kvass）是前蘇聯最常見的飲料，麵包價格便宜到不行，表示蘇聯人沒有別的東西可買。菲律賓人和德國人很快就知道價格管制一定會失敗，但蘇聯人卻等到國家快要土崩瓦解時才了解這一點。

國際能源署（IEA）表示，扣除新發現的石油，世界已知石油蘊藏量每年減少六％。所以除非新發現的油量充足，或是水力壓裂法（fracking）的採油技術能夠成功，否則六十年後，你用什麼價格都買不到石油。幸運的是，短期內水力壓裂法有助於延長供應的時間。像這樣嚴重的供應問題是造就商品多頭市場的原因，將來價格還會持續攀高。

隨之而來的是不安定。如果銅價上漲，立刻知道這件事情的人不會很多，但是如果小麥和砂糖價格上漲，每一個人當天就會知道，每一個人當天就會不高興，這樣會導致社會不安。突尼西亞、埃及、利比亞、葉門、敘利亞都是這樣，這些國家只是開端而已。在世界性糧食價格上漲的情況下，我們會看到更多的不滿、看到更多的政府垮台、看到更多的國家解體。

我在《資本家的冒險》一書中描寫我跟佩姬遊歷埃及的情形：「我們能夠清楚了解為什麼人民痛恨穆巴拉克政府，因為這個政府在每個地方都派有特務，隨時準備扼殺自主精神或異議……穆巴拉克能夠繼續掌權是因為美國的緣故，但是人民對他極為憤怒，因此無論他以後是遭到推翻還是自然死亡，中東這個最大的國家最後都會爆發嚴重的動亂……如果你到開羅搭計程車去看金字塔，或坐巴士去參觀盧克索神殿，你一定會見識到很多事情。」

這是我在二〇〇〇年秋季寫下的，隔年，穆巴拉克在橫掃埃及的人民起義中遭到罷黜。這些獨裁者長期掌權，但人民現在可以利用網際網路各種社交媒體、利用無休無盡的資訊流，也利用為了達到政治集會結社目的的即時通訊。現在人民帶著不滿走上街頭，但是引發行動的不見得是政治因素，大部分起於經濟因素。

包括通膨持續惡化、失業嚴重、生活費用激增，最重要的是食物價格上漲，這些事情讓人民極為憤怒。（一九八九年春天，北京天安門廣場抗議開始時，是為了抗議通膨和物價上漲，直到西方媒體報導後，學生才開始高喊「民主」口號。）埃及人其實不管美國國務卿希拉蕊是否支持他們，說他們在政治上受到迫害，因為幾十年來美國一直支持穆巴拉克政權。埃及人關心的是麵包價格是否上漲，他們真正關心的是能不能找到工作。

現在這種事情在中東爆發，將來也會發生在其他國家，我們在歐洲很多地方看過這種情形，在美國也開始看到這種跡象，而且還不是第一次看到。

一八九四年三月，美國陷入建國以來最嚴重經濟蕭條第二年，俄亥俄州馬西隆（Massillon）的富商柯克西（Jacob S. Coxey）發起前進華府的大遊行，抗議政府面對危機卻毫無作為，他希望遊說美國國會撥出資金，制定龐大的公共工程計畫。這四年的經濟蕭條在一八九三年的恐慌助長下升到最高峰，美國高達五分之一的勞動力失業，蕭條結束前，大約有一萬五千家企業倒閉，包括五百多家銀行和一大部分的鐵路公司：聯合太平洋鐵路、北太平洋鐵路和艾奇森托皮卡聖大菲鐵路（Atchison, Topeka & Santa Fe）。

這批示威人士後來以「柯克西大軍」聞名於世，但是那年春天有成千上萬失業勞工團體從全美各地出發，他們是唯一抵達美國首都的團體。柯克西和他率領的五百人在五月一日抵達時遭到警方以木棍抽打，把他們從國會大廈前的草坪中趕走，讓柯克西無法在草坪上發表演說。抗議人士遭到驅散後，柯克西和副手遭到逮捕，柯克西在監牢裡關了二十天，政府能夠拿來對付他的唯一罪名是踐踏國會大廈草坪。

三十八年後的一九三二年，匹茨堡羅馬天主教士柯克斯（James R. Cox）率領二萬五千位失業的賓州人，號稱「柯克斯大軍」進軍華府，同樣是要遊說國會制定公共工程計畫，這次進軍是到當時為止美國首都所見過的最大規模示威活動。這一年柯克斯以失業黨第一位總統候選人身分投入選舉，但在選前兩個月退出大選，轉而支持小羅斯福。

柯克西在一八九四年的演講稿在他遭到逮捕八天後，列入國會紀錄。柯克西引述一位匿名美國參議員的主張：「四分之一個世紀以來，富者愈富、貧者愈貧，到本世紀結束時，中產階級會消失，因為生存鬥爭已經變得激烈而無情。」

聽起來很熟悉嗎？最近自稱「占領華爾街」的運動出自同樣劇本。我們還看不到這種抗議活動的盡頭。

然而，我反對這個運動的推理，他們宣稱一%的人口擁有美國太多財富。我的答覆是，一半的美國人完全不繳稅，在我看來，攻擊有納稅的另一半人不是解決問題的方法，至少有些人還在工作、儲蓄、投資、納稅和創造就業機會。

林肯總統說過：「無家可歸的人不該拆掉別人的房子，應該勤勞工作蓋自己的房子，進而透過示範，確保自己的房子蓋好後能夠免於暴力的侵害。」

我要對抹黑億萬富豪的行動分子指出一些簡單的算術。根據一家機構法人交易公司最近編撰的一份表格，四十二家美國公開上市公司是由億萬富翁創立的，這些公司在全球各地一共雇用四百多萬個員工。

一九六〇年代中期，英國首相威爾遜的內閣考慮採取必要行動，以便建立英國的半導體產業。這時正是電腦和半導體即將成為未來潮流的時候，威爾遜的內閣決定不推動

JIM ROGERS 羅傑斯語錄

中國領導人每五年更替，沒有一位領導人能夠任職超過兩任，這種情形根本說不上是獨裁政體。

計畫，因為就像其中一位部長所解釋的：「如果我們發展半導體產業，有些人會變得非常富有，創造百萬富翁不是我們的政策。」十年後，英國當然走上破產之途。

每個國家、每家企業、每個家庭或每個人的生命當中，都會出現必須解決過去錯誤的時候。衰退是美國經濟中的流行病，每隔四到六年，美國經濟都會放慢下來，我們現在處於經濟衰退當中，政府卻處理不當，拒絕解決先前的錯誤，下次或下下次美國會爆發什麼問題？美國已經花光所有現金，下次的問題會變得更嚴重，因為債務會升到極高水準，街頭會出現很多示威者大聲疾呼、苦苦哀求，美國卻失去了為他們救苦救難的財力。

亞洲模式

因為商品短缺，我們在世界各地都會看到社會日益不安的現象。這種情形已經出現，而且會日趨嚴重，最岌岌可危的是掌權三十年的獨裁政府。

這點引發了跟中國有關的問題。你聽過美國政客指責中國共黨專政，中國屬於哪種獨裁政體？誰是獨裁者？名字叫什麼？中國領導人每五年更替，沒有一位領導人能夠任職超過兩任，這種情形根本說不上是獨裁政體。

要成為中國領導人必須經歷徹底而且非常嚴苛的過程，必須經歷真正的考驗，必須花三、四十年從基層爬上來，一路都要接受考驗。中國共產黨有幾千萬黨員，總書記是在經過多年準備、證明自己有才有能後，透過共識選出來。從某個角度來看，這種制度勝過美國。美國有錢人如果常上電視，再配上適當的西裝和髮型，只要有一點點內涵就可能當選美國總統。

中國國家主席兼中共總書記胡錦濤，已經在二〇一二年卸下總書記職位，在二〇一三年卸任國家主席，和胡錦濤共同掌權的國務院總理溫家寶也同時卸職，這三個職位都必須負責重擔。只要你有努力做過功課，就能看出批評中國獨裁的言論根本是胡言亂語，還帶有精神錯亂的意味。其實從毛澤東去世後，中國就沒有出現過獨裁者，俄羅斯總統普丁是獨裁者，他掌握的權力比中國任何領導人都很多，在中國制度的限制下，中國領導人不可能獲得這種權力。我不是說中國的制度最好，但是我知道這種制度在中國確實行得通，中國的成就證明這一點。

三十年前我第一次到中國時，中國只有一家廣播電台、一家電視台、一份報紙、一種服飾。現在中國有很多媒體，有幾億網民；街頭每星期都出現示威遊行，中國政府表示，二〇一〇年共有十一萬次示威遊行。無論群眾是起而反對邪惡地主，還是指責官僚貪腐行為，群眾都要求彌補別人虧欠他們的東西。而且現在抗議活動變成新聞，再也無法隱瞞這種事情，當權者在二十一世紀是無法隱瞞這種事情的。

人民要求領導階層負責，政府把官員關進監獄，有時候甚至處決官員，以便平息民怨。二〇一一年十二月，廣東南部的烏坎村民舉行大規模示威遊行，趕走地方官員、舉辦選舉，而且照著自己的意思處理事情。因此中國已經改變很多了，中國還不像荷蘭或其他開放的國家，但是中國的確正在開放。這種過程無疑會碰到問題，但是美國的政治制度也一樣會碰到問題，美國制度的嚴苛程度遠遠不及中國，這點顯示在柯林頓、布希、歐巴馬總統的能力。這種制度還可能變得更差嗎？

中國領導人任職若干年後，會自動放棄權力，把權力交給經過仔細篩選和嚴格考核的繼承人。我敢說，孔夫子會熱烈贊成這種做法。孔子所著述的《論語》變成學而優則仕官員的教材，變成皇帝開科取士的經典。如果你能夠證明自己精明能幹、學識淵博，就會成為領導階層中的一員。千百年來，中國一直辦理全國性的考試，也有禮賢下士的悠久傳統，我不知道這樣是否能夠造就最好的制度，但是這種制度的確跟美國不同。

很多亞洲人說，「亞洲之道」的第一步是開放經濟體系，為國家創造經濟繁榮，而且一定要在達成這種目標之後才開放政治。亞洲人說，俄羅斯人會失敗，原因是他們反其道而行，俄羅斯在沒有健全經濟的基礎上開放政治，人人怨憤不滿，隨之而來的是無可避免的混亂。亞洲人舉南韓和台灣作為亞洲政治開放之道的例子，兩國過去都在美國的支持下實施嚴苛的獨裁體制；有一陣子，日本也是在美軍的支持下實施一黨統治，新加坡也是在一黨威權統治下創造目前的地位。所有這些國家後來都比較富裕、比較開放。

柏拉圖在《理想國》中表示，社會的演進之道是從獨裁統治變成寡頭統治，再變成民主制度，然後在陷入一團混亂後恢復獨裁統治。這種說法的確有點道理，柏拉圖也是非常聰明的人，我不知道亞洲人是否看過這本書，但是亞洲路線似乎吻合柏拉圖之意。

亞洲模式不但和蘇聯不同，也代表中國和前面提到的三十年獨裁政權大不相同。中國領導人十分重視改變國家經濟，目的應當是要讓十三億人口富起來。我們看中東時，鮮少看到領導人懷抱類似的優先目標，中東的獨裁者奪取錢財，然後存進瑞士銀行帳戶，準備在將來有必要時隨時可以逃之夭夭。他們的優先目標是酬謝自己的家人、朋友，以及祕密的把很多錢搬到國外。

不錯，有些中國人也這樣做，中國像美國和其他國家一樣都有貪腐問題。貪腐是人

JIM ROGERS 羅傑斯語錄

中國領導人任職若干年後，會自動放棄權力，把權力交給經過仔細篩選和嚴格考核的繼承人。我敢說，孔夫子會熱烈贊成這種做法。

類的流行病，不論是中國人、非洲人或美國人都一樣。但是中國人揭發貪腐時，處理方式相當殘酷，貪官汙吏通常會抓進牢裡或是遭到處死，而且是相當快的處死。根據國家通訊社《新華社》報導，二〇〇三到〇八年，遭到懲罰的共產黨員超過八十八萬人，這種情形和西方國家截然不同，西方國家很少有政府官員或商界人士因為胡作非為而遭到懲罰。占住位置、有機會從貪腐中得到好處的中國人，至少每隔五年必須卸職，讓位給不同的人繼續做同樣的事情；至少其中還有一些流動性。

中國資本主義

號稱阿拉伯之春的民眾起義在我看來，不可能促使文明搖籃的中東文化再度發揚光大，醫藥、物理學、天文學、數學，都起源於阿拉伯世界，歐洲人從洞穴裡出來，身上仍然描成藍色時，阿拉伯人已經創造字母，為世人帶來代數和天文航海的學問。今天這個地區由政治勢力推動的唯一力量，似乎都懷著復興伊斯蘭基本教義的志向。美國在支持突尼西亞、埃及和葉門的獨裁政權之際，還空談希望這些國家爭取自由，但是美國對自己的收穫一定不會滿意。你在中東不會看到親民主的潮流，只會看到反美、反以色列的潮流。我前面說過，時局困難時，每一個人都會尋找代罪羔羊，代罪羔羊通常是外國人，在中東地區，美國一直是歷史性的傳統代罪羔羊。

穆巴拉克獨裁統治埃及三十年期間，中國在經濟上突飛猛進，埃及幾乎完全沒有進步，中東看不到什麼經濟上的回報，或任何形式上的改變。經濟明顯改變時，人民比較不可能憤怨不滿，如果大家吃的很好、有房子住、有車子開，就比較不可能走上街頭。新加坡的天才就表現在這方面，新加坡政府的當務之急是讓人民擁有自己的房子，擁有自己可以引以為傲的住宅。新加坡政府從成立之初，就開始拆除貧民區，興建公屋。如果你擁有自己的房子，就不必這麼迫切走上街頭、加入共產黨，或是成為工會的行動分子，你會參與經濟的成長。

亞洲很多地區都很繁榮，有些地方的繁榮變成民主制度的領先指標。觀察新加坡的繁榮是否會促使從中得到好處的人槓上政府，是很有趣的一件事。老一輩的人記得早年的日子多麼難過，政府多麼有效的改善他們的經濟展望，像我們這樣的移民知道其他國家的情況有多糟糕。年輕一代只知道好時光，四十歲以下的人都在繁榮中成長，高喊多黨民主政治的人就是他們，這種情形在台灣出現、在南韓出現，也在日本出現。就像柏拉圖說的，年輕人創造成就後就希望改變政府，其中沒有什麼新鮮事。

這種事情最後一定會在中國發生，中國面對的艱鉅挑戰是讓居住在大都市以外的廣大人口富起來，而且事實證明，政府的行動迅速。毛澤東的文化大革命和大躍進運動是幾百年衰微的最低潮，最後所有的一切都遭到劇烈破壞。毛澤東去世兩年，中國在鄧小平的領導下推動一系列的積極改革。一九七八年十一月，鄧小平訪問新加坡，和新加坡總理李光耀會晤，新加坡協助提供中國推動改革和走向市場經濟的模式。到一九九〇年，中國已經設立股票交易所。今天中國會蓬勃發展，原因在於把企業精神釋放出來，大家可以隨意做自己想做的事情。不錯，中國還有中央計畫；不錯，中國還有國營企業；但是某些人所看到的中國式社會主義只是殘跡，只是反映最初三十年中國的一切都屬於國有的事實，你今天在中國所看到的一切都是資本主義。

中國人現在是世界上最堅定的資本主義信徒，加州的共產主義味道比中國還濃厚，麻省的社會主義味道比中國還濃厚。我碰過很多喜歡在中國做生意的企業家，因為一旦他們獲得批准，大致上就可以無拘無束，而且獲得批准並不難。中國當然還有限制和可怕的故事，但是這些人大致上比較喜歡在中國做生意，比較不喜歡在南韓、歐洲，當然也包括美國在內的其他國家做生意。

15 旭日東昇

我極為渴望找到投資北韓和緬甸的方法。
展望未來，這兩個國家的重大變化是我所看到最令人興奮的事情。

朋友，這是純生意

在新聞媒體上侃侃而談的大師喜歡預測中國會硬著陸，甚至會崩潰，因為中國面臨困難的情勢，又必須維持他們認為無法永續維持的成長率，他們說的數字是八％或七．五％。首先我要說的是，包括美國在內的每一個國家，都希望維持高成長率，沒有高成長率的話，所有政客都會遭殃。第二點比較重要，就是你從政府所取得的數字只不過是一種幻象。

所有成長率數字不可靠。讓我十分驚訝的是，印度居然可以宣稱知道印度的現況，更何況是宣稱知道中國或美國的現況，美國總是在修正統計數字，大部分數字都是編造出來的。這麼多年來，我已經學會不注意這種數字，這種數字主要是用來進行公關練習。

談到成長率，印度人是根據中國所發表的數字，編製自己的統計，確保自己的成長率勝過或者至少可以媲美中國的成長率。所有跟中國成長多少或是沒有成長多少的言論都是宣傳，我所知道的是，每次我到中國，都看到中國出現實質的變化，而且是我親自探訪需要知道的資訊後所做的判斷。

雖然如此，卻無法防止中國碰到經濟衰退。中國領導人正盡最大的力量提高經濟成長率，近年來，他們在管理國家經濟的表現勝過大部分國家。但是不管他們多麼聰明仍然是官僚，這點使經濟衰退不只是可能，而且是非常可能發生。中國會碰到很多挫折，不這樣想的人根本沒有讀過歷史，不了解世界的運作方式。因此，假設中國會碰到經濟衰退，最糟糕的結果是什麼？他們會拋棄共產黨嗎？

二次大戰後的幾十年裡，華府定期會爆發大吵大鬧的場景，撻伐赤禍的政客會嚴詞譴責中國。今後幾年裡，同樣是這批人在發瘋，質問中國人怎麼能夠創造成就，美國人卻備受冷落，我們會看到另一種形式的赤禍恐懼。答案是他們藉著努力推動資本主義創造這種成就，而且他們也盡資本家的本分，繼續在世界各地尋找機會。

中國人已經到世界各地大買各種生產性資產、油田、農園、礦場，和他們能夠找到的一切，因為他們看出我所看出的問題，也就是原物料短缺的問題。而且他們這樣做時交了很多朋友，他們的方法和美國以及歐洲舊式殖民強權截然不同，歐洲殖民列強到了一個地方後，是用武力奪取各種東西，要是有付錢，付出的價錢也遠低於真正價值，同時他們還粗暴對待當地人，告訴他們應該怎麼生活、應該崇奉什麼神。

沒有人反對中國人做生意的方式，他們不會頤指氣使，他們帶著錢來，說：「我們

JIM ROGERS 羅傑斯語錄

中國人高瞻遠矚，因應自己所看到的未來，走向世界，像優秀資本家一樣採取行動。

來做生意，你需要的交易就是我們需要的交易。」雙方成交後，大家都很滿意，他們就此離開不會大肆宣傳。「朋友，這是純生意，沒有別的意味，跟當年不同。」

中國人在非洲很受歡迎，因為他們支付高價。過去十年，中國領導人訪問非洲每一個國家，他們把非洲搬到中國：主辦盛大的集會，請來五十多個非洲國家的領袖參加。歷史上，美國總統只訪問非洲大陸兩、三次。

中國人在南美和中亞也這樣做。他們盡其所能的採購，行動十分積極，鎖定礦產和其他原物料，但是包括美國在內的其他國家，忽視或無視於世界原物料日漸短缺的事實。中國人高瞻遠矚，因應自己所看到的未來，走向世界，像優秀資本家一樣採取行動。美國卻像一九五〇年代傲慢的超級強權一樣，行為舉止就像戰後初期美國什麼事情都不必擔心時一樣。

這種日子當然早已過去，美國就是不了解這一點。

中國把錢花下去，卻不施加壓力，而且還提供就業機會，因此創造了善意、得到了政治影響力。同樣的，目前歐洲每個人都陷入困境之際，中國人也談到要購買歐洲政府公債。我們替中國人設身處地想一想：我們假設中國人永遠無法從希臘、葡萄牙或任何國家把錢拿回來，假設中國人把錢虧掉了，從中國人的觀點來看，這筆錢是便宜的外援，是以低廉的代價發揮影響力，在國際舞台上加強力量的做法。即使中國碰到最惡劣的狀況，即使中國的投資蒙受損失，中國在國際貨幣基金和世界銀行還是會獲得政治影響力。歐洲人會說，中國人對我們伸出援手，中國人是好人；在別人不願意或沒有能力時，購買我們的公債。

美國可能想買歐洲公債，但是美國沒有錢，連美國國防部的研究都顯示，這種窘態是美國過度花費，造成再度陷入不利狀態的明證。

起飛的緬甸

佩姬和我最近去緬甸遊歷回來，這個國家顯示美國錯過下一個大好良機的所有跡象。一九六二年時，緬甸是亞洲最富庶的國家，這時第一位將軍、也是命理專家尼溫（Ne Win）奪得政權，開啟了五十年的軍事統治，從此緬甸由星象家和命理專家統治。尼溫和他的繼承人推出蘇聯式的經濟計畫、推出緬甸式的社會主義，開始鎖國，因此從一九八九年把國名改為緬瑪（Myanmar）的緬甸，當然成為世界上最貧窮的國家之一。

今天緬甸正在轉型為文人統治，緬甸經過半世紀管理失當、停滯和鎖國，今天的情況就像一九七八年鄧小平統治下的中國。緬甸是開發程度最低落的經濟體之一，是我所能想到最令人興奮的投資機會。緬甸有六千萬人口，有大量的天然資源，又有受過良好教育、紀律嚴明的勞動力，地處印度和中國之間。我非常希望到那裡投資，但是卻碰到極為繁瑣的限制，我到北韓投資其實還比較容易（後文會詳談北韓）。繁瑣的限制不是緬甸制定的，而是美國。我請律師研究這種狀況，發現美國人連說「緬甸」這個詞，都可能犯了刑事罪。我採取行動向美國政府申請執照，希望能批准我投資緬甸，但是結果正如我的預期，毫無下文。

世界其他國家，現在跟著已經進軍緬甸的亞洲其他國家湧入緬甸。曾經殖民統治緬甸、改造緬甸原來封建社會的英國人，在那裡大致上不受限制，實際上只有出身自由國度的美國人才受到限制，不能參與那裡出現的重大變化。還沒有進軍緬甸的人都以最快的速度前往緬甸，因為他們知道，短期內自己不必跟美國競爭。如果你從事石油業，你不必跟埃克森石油公司（Exxon）競爭，你會急急忙忙採取行動。等到美國人終於不受限制，可以加入這股熱潮時，別人已經買光很多好東西了。

這種情形只是美國人短視的另一個例子。即使二十年前我就去投資的伊朗，你都可以取得美國政府准許投資許可，前提是你的投資金額不能超過多少百萬美元。但是談到投資緬甸，就像我和律師所看到的資料一樣，從美國政府的觀點來看，美國公民光是到緬甸就有觸犯刑事罪的嫌疑。

佩姬和我最近拿著在新加坡取得的旅遊簽證遊歷緬甸，這是我們第二次到緬甸。二〇〇一年我們從事千禧年冒險之旅時，曾經駕車遊歷這個國家。這次遊歷和我們的第一次一樣，我們認識了很多人，我和很多位銀行總裁與礦產業者會面，討論緬甸所發生的變化，每個人都認為這種變化確實無疑。我和商會會長會晤，只不過是幾個月前的會長還是由政府任命，但這位會長卻是商會會員選舉出來的。

他解釋說：「我現在必須讓會員高興，否則就保不住這個工作。」

佩姬現在是後起之秀的寶石專家，她已經取得好幾種證照，隨時都在研究和檢測寶石，我們到富含藍寶石、紅寶石和玉礦礦源的緬甸時，她進一步加強學習。有一位朋友介紹她認識一位關係很好、認識仰光每一個人的緬甸女性。她知道佩姬對寶石有興趣，來看佩姬時帶了很多位寶石經銷商的寶石，一時之間，佩姬發現眼前有價值一千五百萬美元到兩千萬美元的一堆彩色寶石可以研究，真是樂翻天了。

有一天晚上，我受邀參加晚餐會，坐在一家大型旅行社老闆旁邊，我告訴他，我們在二〇〇一年曾經駕車遊歷緬甸。他說，我們不可能進行這種旅行，二〇〇一年時，政

JIM ROGERS 羅傑斯語錄

緬甸是開發程度最低落的經濟體之一，是我所能想到最令人興奮的投資機會。

府不會核准我這樣做，今天一樣不會核准。我同意他的說法，但我說：「可是我們做到了。」我指引他上我的網站，看這趟旅程的證據，你可以想像他嚇呆的樣子讓我覺得很有趣。他對那次我們旅程這麼不敢置信，正好強化了當年這樣做多麼麻煩、多麼不尋常，使我們對這次成就的回憶變得甜蜜多了。

二〇〇一年我們第一次遊歷時，很多國家在緬甸做生意，包括日本、中國、印度、馬來西亞、俄羅斯和新加坡，這些國家準備開發包括木材、天然氣、黃金和其他礦產在內的多種天然資源，也準備利用我們認為一定會出現的旅遊成長熱潮。我們遊歷緬甸前一個月，在德里碰到一位也要前往緬甸的美國婦女，我提到我們也要去緬甸時，她開始生氣，宣稱美國的制裁禁止我們前往緬甸。

我問她：「為什麼你可以去，我就不能？」

「因為我替一個非政府組織工作」，她說：「我去緬甸評估當地的狀況。」

我回答說：「我也一樣，為什麼我應該讓你替我去緬甸評估情勢、替我做判斷呢？」要更深入了解我對非政府組織的外援弊案，以及受到這些組織吸引的美國僑民有什麼看法，請參閱拙作《資本家的冒險》。

二〇〇一年時，不管我們到緬甸什麼地方，不管我們在三年的環球之旅期間走到什麼地方，都發現美國的制裁沒有效果，競爭性的產品會湧入，美國製產品會走私進去。不管你用哪一種方法把產品運到受制裁的國家，都不會「違反」制裁，但是美國勞工、企業和納稅人卻是輸家。我們在最近這次旅程中發現，今天你在緬甸還是可以買到你想要的東西，額外增加的十年制裁毫無成效。

緬甸成立新政府，承諾要推動民主改革後，美國終於遲遲宣布放寬制裁，我們希望制裁能夠一直放寬。

同時，即將主辦二〇一三年東南亞國家運動會的緬甸，已經獲選擔任東南亞國家協會（東協）二〇一四年的輪值主席，所有鄰邦都十分關心緬甸的情勢。

緬甸已經制定新的貨幣制度，舊制度已經失控，國際貨幣基金已經協助他們設法處理舊制度。緬甸一直是現金社會，不用信用卡、很少人用支票，我拜訪過一些銀行，去過很多地方，從來沒有看過像緬甸銀行裡的情形，就是你一走進銀行，從櫃檯上望過去，會看到一間小房間堆滿現金，還堆到跟天花板一樣高。

二〇一一年夏季我們去緬甸時，緬甸的官方匯率是六緬甸元兌一美元，黑市匯率是八百緬甸元兌一美元，但是前一年黑市匯率高出五〇％，是一千二百緬甸元兌一美元。黑市知道我所知道的情形，就是知道情勢日漸開放、日漸好轉，黑市和外匯市場經常是最先知道這種事的地方，這兩個市場已經看出實際的變化。

即使到了二○一二年，在緬甸還是不能使用信用卡，因此從現在到東南亞國家運動會開幕前，緬甸會出現極為驚人的變化。你不能邀請另外九個友邦的人到你的國家，卻不讓他們刷卡消費，而且不能用失控的貨幣推動信用卡制度。緬甸了解這個問題，知道首先必須解決通貨問題。旅客到緬甸使用信用卡，不能依據黑市匯率購物消費，如果不讓旅客有地方住，他們就不會來，緬甸會出現很多新的大飯店和餐廳，而且因為需要的關係，信用卡也會出現。

難纏的北韓

二○○七年佩姬和我得到遊覽北韓的許可，我希望去那裡是因為覺得北韓即將出現變化，希望親眼看看我能夠看到的事情。我們到北韓旅遊十天，當時佩姬已經懷了小蜜蜂好幾個月。

我不是喜歡參加旅行團的人，我喜歡根據自己的方式安排行程，決定去什麼地方、吃什麼東西。但在北韓不能這樣做，我們在北韓的每一分鐘都有政府人員陪伴。我走在平壤的主要大馬路上時看到一家理髮廳，因為我需要理髮就走進去，坐在板凳上的一位老頭嚇的站了起來，我開始比手畫腳，用手模擬拿剪刀的樣子，一位陪伴我們的人立刻把我拉到外面，明確告訴我，理髮不在行程之內。

我認為，從二次大戰前到二〇〇七年，大約只有三百位美國人到過北韓——這樣的統計有點奇怪。從一九五〇年代初期麥克阿瑟將軍的部隊進入北韓後，幾乎沒有美國人獲准前往北韓。

我很清楚北韓人知道自己的國家需要改變，其中的原因不難理解。所有的北韓將軍三十年前當年輕軍官時都派到北京、莫斯科和上海，今天他們以將軍的身分再去那裡，看到當地發生的變化，回到平壤後告訴自己：看看這些國家的變化，再看看自己住的地方：毫無變化，還是糟糕透頂。

北韓最高領導人金正恩曾經在瑞士的私立學校上學，這位成長歲月在歐洲度過的三十歲小夥子回國後不可能說：「哎呀，我真的喜歡沒有酒吧、沒有娛樂、沒有汽車，什麼都沒有的樣子。」

這些人都接觸過外在世界，知道外界的情況。我認為，這就是北韓即將開放的原因，而且北韓真的開放時，會變成世界舞台上難纏的角色。中國人已經湧入北韓，在東

JIM ROGERS 羅傑斯語錄

此刻在北韓興建工廠、旅館、餐廳，
和大部分建設的時機已經成熟。

北興建連接兩國的新橋樑，那裡也有不少新的貿易區，因此改變已經開始。

我們到每個地方都可以看到宣揚一國兩制的宣傳海報。一國兩制是一九九〇年代末期，香港回歸中國時流行的詞令。如果這種宣傳可以相信，表示這個國家熱切盼望統一，和你在美國所看到的資訊不同。韓國統一後會變成經濟強權，只有美國和日本反對這種有利的結果。

如果南北韓統一，日本勢必要面對競爭力遠比南韓強大多的重量級新競爭者。這個國家會擁有七千五百萬到八千萬人口，北半部又正好與中國為鄰，擁有很多價格低廉、紀律嚴明的勞工和天然資源，南半部有很多資本、技術和經營管理能力。這樣的國家會層層包圍日本，目前在日本經營事業的成本相當昂貴，還繼續上漲，何況日本人再也沒有很多廉價的勞工。

日本反對兩韓統一的原因很清楚，我不知道美國為什麼要反對這件事，只能說是出於簡單的惰性。對頭腦昏沉、改變想法一向緩慢的美國官員來說，兩韓分裂是一種生活方式，好幾萬美軍駐紮在南韓：好比是一種產業，一整群官僚要靠這種產業的繼續維持才有飯吃。

你可以從美國封鎖古巴的做法看到大致相同的思考方式。當年有些人基於健全或不健全的政治原因，切斷美國和古巴的關係，但是現在華府有一大堆官僚和說客，靠著美國對古巴的經濟制裁，開創自己的事業和欣欣向榮的景象。他們把大部分的時間用來提醒民選官員，要他們記得佛羅里達州古巴流亡人士選民。實際上，即使這些人知道萬惡卡斯楚的大名，他們其實只是古巴流亡人士的美國籍子孫。美國的做法又是損人不利己，歐洲人、墨西哥人、加拿大人和南美人正在湧入古巴，大買不動產和投資，最後美國取消封鎖、匯聚到古巴島時，這些人會在海灘上等美國人，要把已經漲了三倍的不動產賣給他們。

這是住在自由國度的美國人行動緩慢的另一個例子，原因在於美國政府保護人民，就像政府保護人民不受北韓侵害一樣。我懷疑美國跟這些「流氓國家」有關的宣傳，這種宣傳極為負面，如果歷史可以作為指引，美國人收到的資訊一定都遭到扭曲。

你可能會問，北韓的投資機會在什麼地方？我一向投資在市場上，北韓沒有市場，因此我必須尋找會從北韓開放中得到好處的企業，可能是中國企業或亞洲其他國家的企業。目前我還不知道有這樣的企業，但是此刻在北韓興建工廠、旅館、餐廳，和大部分建設的時機已經成熟。北韓什麼都沒有，沒有行動電話、沒有網際網路，北韓像緬甸一樣缺少每一種東西，從最基本的產品與服務到最高級的科技都缺少。不錯，緬甸有網際網路，但是普及率卻非常低，不錯，兩個國家都有肥皂但是根本不夠，不錯，兩個國家都有電力但是根本不夠。

我認為，觀光旅遊代表北韓的投資機會。北韓人口只有二千五百萬人，因此不足以掀起出國旅遊的熱潮，卻很可能掀起南韓人到北韓旅遊的熱潮。婚姻方面會有多得驚人的業務，因為南韓嚴重缺少年輕女性，南韓男性可以到洛杉磯或紐約皇后區找配偶，但是北韓會變成南韓新娘的主要來源。

我極為渴望找到投資北韓和緬甸的方法。展望未來，這兩個國家的重大變化是我所看到最令人興奮的事情。

未來二、三十年內，我極為看好的另一件事情是中國的觀光旅遊。幾十年來，中國人不能到處旅遊，現在卻可以這樣做了，中國公民現在很容易拿到護照，把錢送出中國也很容易。我記得一九八〇年代時，我們在紐約突然看到一大堆日本遊客湧入麥迪遜大道，大家都不知道這麼多人到底從何而來，當時日本人喜歡組團旅遊。日本有一億二千五百萬人口，但是中國有十三億人，是日本的十倍之多，你會在全球各地看到極多的中國人。而且中國人不只會出國旅遊而已，也會大力從事國內旅遊，中國國內與國外觀光旅遊會爆炸。

我最近到過中國幾個城市，其中一個地方是四川省會成都，那裡是世界聞名的大貓熊繁育與研究中心所在地，名叫成都大貓熊基地，佩姬和我帶小孩去過那裡。我也去過人口七百萬的湖南省會長沙，注意到所有的旅館都客滿，所有娛樂和文化景點都擠滿了中國遊客。

佩姬和我進行千禧年冒險之旅、駕車遊歷中國時，在蘭州的一場展覽會上看到中國東北城市哈爾濱的冰雕展。我們錯過了一年一度、壯觀的哈爾濱冰雪節，但是我們發誓有一天要到那裡。二〇一二年農曆新年時，我們終於帶著小孩去參加冰雪節。感謝西伯利亞吹來的冬季寒風，我們在零下的氣溫中看著巨大的冰雕嘖嘖稱奇，像足球場一樣大小的冰雕，和建築物一樣大小的冰雕建築，還有從內部打燈的紀念碑，整個冰雕城市風光都是用三尺厚的透明、乾淨冰塊搭蓋，樂樂非常高興的跟本地人一起放鞭炮慶祝新年，哈爾濱國際冰雪節平均每年吸引八十萬遊客。

你會看到中國和亞洲觀光旅遊業快速擴張，**觀光旅遊會變成我們這個時代最重要的成長產業之一。**

JIM ROGERS
羅傑斯語錄

我極為渴望找到投資北韓和緬甸的方法。展望未來，
這兩個國家的重大變化是我所看到最令人興奮的事情。

16 創造性破壞

我希望留給女兒作夢的勇氣，
留給她們追求心中熱情的勇氣，
即使碰上失敗也勇於嘗試。

事無永恆

在英國詩人丁尼生（Lord A. Tennyson）的傑作〈亞瑟王牧歌〉一詩中，唯一倖存的圓桌武士、英勇的貝德維爾（Bedivere）爵士向垂死的亞瑟王告別時，傷心的說：「但是現在整個圓桌已經解體，廣大世界的形象從此消失。」

受到致命傷、躺在小船上，準備前往阿發龍島（Avalon），亞瑟王為了替貝德維爾打氣，緩慢的說出英國文學上令人難忘的幾句話：「舊的東西消逝，新的取而代之，神會用各種方式實現諾言，以免好習慣破壞世界。」

事無永恆，也不應該如此，亞瑟王提醒貝德維爾，連圓桌武士這麼偉大、這麼高貴的傳統，也不應該這樣。

在市場上投資的人總是跟我要明牌，我所能提供的最好明牌是聽亞瑟王的話。我不能告訴你應該把錢放在哪些近期內會有報酬的標的，我也不應該如此。我所能做、又努力去做的最好做法，是告訴你未來一個世紀可以下注在什麼標的。如果你像我一樣，透過景深一百年的透鏡觀察世界，預期一百年後會發生的東西是相當好的明牌。

世界經濟是一種創造性破壞的系統，熊彼得曾經指出，創造性破壞是「跟資本主義有關的基本事實」。新的東西崛起，取代舊的東西，汽車出現，取代了馬匹和馬車，豐田汽車出現，取代了通用汽車，電視出現，改變了很多事情，我們晚上不再坐在火爐旁看書。這是世界運作的方式，過去總是這樣運作，將來也總是這樣運作。國家、公司、家族、個人紛紛崛起，同時你會看到類似的團體和個人衰微。大家可能試著改變這種情況，試著廢除供需法則，卻永遠不會成功。政客不能廢除主導創造性破壞的法則，研究顯示，每隔幾十年，社會最底層的二〇%會改變，最頂層的二〇%也會改變。

但是政客繼續嘗試，你可以從最簡單的事情中看出這一點。政客看到都市的鬧區日漸沒落，花錢設法振興，結果只是使事情惡化，城市的負債大為增加。這種情形在我的家鄉戴摩波里斯發生過，在佩姬的故鄉北卡羅萊納州的洛磯山市發生過，在全美各地都發生過。鬧區知道自己受害的原因是附近的現代化購物中心興起，沒有人提出有效的解決之道：就是放手不管，拆掉所有的舊建築，興建最時髦的購物中心。

有遠見的人、可以預見十五年後情勢的人，例如，可以看出將來大家都會到鬧區邊緣購物中心採購的人，都沒有人理會。有遠見的人總是遭人嘲笑，大家拒絕接受無可避免的事實。無論如何，新加坡和中國的情形正好相反，我總是驚訝的發現那裡的舊建築經常就這樣遭到拆除，那裡當然也有一些維護舊建築的運動，但是創造性破壞是基本原

JIM ROGERS
羅傑斯語錄

蘋果目前是世界上最有價值的公司，
但是我不相信下一位賈伯斯會在美國出現。

則。

所有帝國的末日都很淒慘，原因在於帝國太會花錢，會舉借債務、會沒落和崩潰。不幸的是，談到美國的沒落，我看不出有什麼可以挽回的方法。二次大戰後，美國聲勢如日中天，是世界上最富有、最強大的國家。但離美國的巔峰歲月已經有三代，英國走向解體、喪失帝國、喪失殖民地時，卻不了解自己的困境，一直到國運走到最低點時才了解。我認為，在經歷同樣的歷程前，沒有什麼東西可以解救美國。

樂天派會告訴你，美國過去總是善於創新，說得不錯──「過去」總是如此。美國不再督促學生學習數學和科學，亞洲國家卻仍然十分強調這些學科。亞洲經濟發展走到目前這個階段，正是很多大好良機出現的時刻。鄧小平領導中國走到今天這個地步，靠的是對工程和科學的信心，毛澤東去世後，領導中國的都是工程師，胡錦濤、溫家寶和江澤民都是工程師。

中國現在或許還沒有生產出世界最優秀的工程師，但是你必須假設中國一定會出現推動新奇創新的傑出工程師。我還是小孩子的時候，美國主導自動化工程、電子學之類的領域，也主導包括金融在內的其他領域。今天美國人仍然主導航空領域，但是中國人正在建立飛機工業，我敢說，二十到三十年內，中國人會讓美國人顏面大失。美國的金融已經走下坡，香港透過股市籌資的能力已經領先美國。

我所能想出美國今天還具有壓倒性優勢的領域很少。微軟是出類拔萃的企業，蘋果和谷歌兩家公司也是，但是在數位科技上已經不再具有壓倒性優勢。你到斯堪地那維亞半島和世界其他地方，會看到他們的網際網路普及率遙遙領先美國。蘋果目前是世界上最有價值的公司，但是我不相信下一位賈伯斯（Steve Jobs）會在美國出現。

我在美國看到兩項重新振作的有利跡象，但是連這兩項加在一起，都無法引導美國走向復興。其中一個跡象是農業，我對巴里歐學院學生演講時提到，我對農業非常樂觀，未來二、三十年，農業會變成世界經濟中利潤很高的產業，美國不但擅長農業，而且還有很多土地。美國農業的問題和世界其他地方一樣，是供水問題。在美國西南部供水是大問題，因為地下水位逐漸枯乾，會限制可以用來生產的農地面積，但是如果農產品價格像我預期的上漲兩倍、三倍、四倍，美國會從中得到好處。

我看到未來另一個有利發展是開採頁岩油氣，也就是藏在美國地下岩層中的天然氣與石油。但到目前為止還不可能、或需要花費極為高昂的代價，才能開採岩石中的碳氫化合物。新科技使開採頁岩油氣變成可能，在實務上也變成可行。有些地區已經禁止鑽探，因為鑽探需要大量的水，而且水力壓裂法可能造成底土和地下水汙染。這種科技還不完美，但是如果多項研究正確無誤，就表示美國擁有巨量的頁岩油氣潛能。中國、俄國、澳洲，和很多國家也一樣。我認為，隨著科技的改進，開採頁岩油氣多少有助於減緩美國的衰微。事實上，這種油氣可能代表將來有一天，目前的能源多頭市場會結束——能源和商品所有多頭市場最後都會結束——但是所謂的將來有一天，仍然是好幾年以後的事了，因為美國目前逐漸喪失其他已知的石油蘊藏。

我談到美國的衰微時，不表示美國會從地球消失，我認為美國會步上大英帝國、西班牙和葡萄牙帝國的後塵，這些國家都曾經是強盛的帝國，而且無可避免的會趨於衰微，但是這些國家都還存在。我不是唯一看出這種變化的人，但是我認為大部分美國人不認識或不承認這一點，即使有人看出這一點，也不接受這種說法。我不喜歡美國走上衰微之路，我一點也不喜歡，我是美國人、是納稅人，但是我不能活在夢想中，我必須根據事實過活。

美國早已走上這條路，現在開始挽救會不會太晚？如果我告訴你用什麼方法可以解決美國的問題，你一定會說：「嗯，現在已經太晚。」

首先，美國應該撤回海外駐軍，撤回派駐在一百多個國家的軍事人員，這樣會省下很多錢，也會減少樹敵。同時，美國應該從目前進行中的戰爭抽身。

我已經指出，美國需要司法改革。訴訟橫行抬高事業經營的成本，妨礙美國在全球的競爭力，嚴重危害美國的醫療成本。美國每年把一七％的國內生產毛額花在醫療，是世界平均水準的兩倍，但是我們看到什麼成果呢？美國的平均壽命排名世界第五十，全球有四十八個國家的嬰兒死亡率比美國低。美國醫療體系可以從衛生領域開始著手降低成本，醫院感染是美國第四大死因，僅次於心臟病、癌症和中風，主因是不衛生的設備和做法，難怪我會告訴佩姬，如果我生病了，要把我弄到新加坡。

我已經指出美國教育的淒慘狀況，很多國家的學生在國際競試上始終勝過美國小孩，雖然美國和瑞士一樣，在每個學生身上花的教育費用超過世界其他國家。美國七五％的中學畢業率落後大部分已開發國家，美國的學生在閱讀、科學和數學的成績也一樣。報導指出，十七到二十四歲的美國人有七五％的人沒有資格當兵，原因之一是教育不足。三分之一的人過胖或畸形；四分之一的人沒有高中文憑，很多擁有高中文憑的人，通不過評量基本文字與算術技巧的三軍資格考試。

根據外交關係協會委託專案小組發布的二〇一二年報告，美國的教育制度已經引發國家安全威脅。也有報告指出，最近畢業的大學生有五〇％不了解信用卡發行文件或報紙社論的意義。教育失敗不限於一代而已，民主社會的自由、公共教育背後的理論之

JIM ROGERS 羅傑斯語錄

美國應該撤回海外駐軍，撤回派駐在一百多個國家的軍事人員，這樣會省下很多錢，也會減少樹敵。

一，是維持明智、消息靈通的選民，美國的制度極度不當，以至於選出來的民意代表無法通過公民考試。

美國的聯邦稅制是一場噩夢。你在美國就業要繳納所得稅，如果把錢放在銀行要為利息納稅，如果買股票要為股息和資本利得繳稅，這些錢是你賺到時已經繳過稅的錢，所以你繳了三次稅。社會安全制度所訂的暗示性約定是你把一些錢存起來，在退休時拿回來，但是政府把錢還給你時，理論上你儲蓄的錢還必須納稅，繳稅後才能拿回自己的錢。如果你去世要繳納很多稅，但這些錢是你辛苦工作存起來的，賺到這些錢時已經繳過稅了，因此政府把這些錢課四、五、六次的稅。

世界上成功的國家不對儲蓄和投資課稅，他們鼓勵公民儲蓄投資，他們針對消費課稅。美國人卻反其道而行：鼓勵消費，繳納的任何利息都可以抵稅，美國鼓勵消費而不是鼓勵儲蓄投資。美國實際上是用稅法阻撓儲蓄與投資。經濟學上有一個基本原則，就是儲蓄等於投資。在每一本經濟學教科書的第一章，都可以找到這個原則，美國要富裕繁榮的話，必須扭轉這些政策。

美國國稅局指出，美國的稅制已經變得極為繁複，以至於美國人每年大約要花六十六億小時填寫報稅表。很多可靠的估計指出，個人、企業與非營利機構每年為了守法報稅，要耗費三千億到四千億美元。消費稅會終結這些煩惱，再也不必另外填寫報稅表，或是付錢給靠著荒謬制度發財的律師和會計師。而且黑市會消失、藥頭買賓士車時要繳納消費稅，你可以消滅地下經濟。

改變稅制、改變教育制度、推動健保與司法改革，把軍隊撤回美國，這些事可能實現嗎？各國政府都由特殊利益主導和控制，各式各樣的利益團體加上代表他們的說客，已經變成整個制度根深柢固的一環，在這種運作方式下沒有一種改變可能出現。

我在拙作《投資騎士》中提出我所說的激進建議：要阻止美國國會議員到華府，後來在雷恩（Jennifer Ryan）的努力下，這種想法成為「在家治國」（Gov. at Home）的草根性運動。這項運動呼籲政府訂定規定，要求眾議員與參議員在自己的選區和州政府所在地工作，以便提升政府的透明度和責任感。

一七八九年美國政府設立時，電話還沒有發明，信件是很慢的通訊方式，視訊會議是無法想像的事情，因此在華府召集民意代表開會。如果美國是在二〇一五年設立政府，很可能會利用網際網路開會，現在沒有理由叫大家都跑到華府，尤其是美國建國以來的種種發展已經造成龐大的官僚體系，遭到說客的包圍和控制。

國會山莊投票時，你會看到說客到處排隊，美國人要注意自己選出的代表，提醒他們，「別忘了我。」國會幕僚全都由說客用好酒好菜招待。事實上，大部分的法律都是由說客制定，選民幾乎沒有插足餘地。善良、單純的公民當選國會議員，到華府後都會改變。

最近情勢變得更加明顯，華府即使沒有直接腐化，也已經遭到嚴重腐蝕。送到國會議事廳的法案厚達兩千頁，除了幕僚和說客可能花時間閱讀之外，根本沒有人看，法案中會有文字規定設立專家委員會、研究細節，無可避免的事實是：專家委員會等於相關法案既得利益團體的說客組合。

只要限制參、眾議員一年最多幾次到華府，就可以輕易結束這種代議政府的拙劣戲碼。例如，加州國會議員不到華府而是留在家鄉，他的小孩和選民的小孩上相同的學校，他和自己所代表的人民開上同樣的高速公路，坐同樣的公共運輸工具。法案要投票時，他在當地報紙的辦公室、高中體育館或市政廳投票，這樣每個人都可以盯著他。說客仍然可以來看他，但是必須到全國五百三十五個國會議員辦公室，而不是從K街走到國會山莊，大吃五百三十五個國會議員構成的宴會大餐。

要他們留在家鄉、要他們在家鄉投票、要他們在家鄉開會，國會議員需要加密的東西都可以加密，國防部就這樣做，因此安全不是問題。這種想法在實務上和學理上都行得通，付諸實施的話，會大大改變治國的方式。有些連國會議員自己都不了解的可笑法案可能不會通過，有些銀行行員、水電工人，或學校教師會走進自己所選出的議員辦公室說：「搞什麼鬼，你知道這項法案內容嗎？你瘋了嗎？你不能這樣做。」只要想一想能夠節省多少出差和住宿費用就夠了，還不提國會議員身心的耗損。

我們應該利用一種更進步的做法（你第一次聽到時，可能認為這種做法很奇怪），就是在受控制的狀態下隨機選擇公民，徵用他們擔任參、眾議員，但仍然把他們留在家鄉，以為國服役、盡公民責任的方式分配他們一定時間的任期。他們不願意服務的心理可以視為是資產，不少研究顯示，大家因為驚訝、意外或純粹受環境所迫，最後坐上必須負責任的位置時，都會特別受到鼓勵，會花很多時間和精力研究問題。最好的例子莫過於獲選擔任陪審員的人，他們可能不願意參與，但是除了把事情做好之外沒有野心，而且總是表現優異。美國出現過徵召入伍的傑出軍人，他們都具有強烈的動機和企圖心，其中有些人後來還擔任將軍。

辛辛納塔斯（Lucius Q. Cincinnatus）是代表這種傳統的典型公民，他在擔任羅馬執政官後歸隱田園，西元前四五八年，受到侵略威脅的羅馬共和徵召他為國服務，他完成任務後立刻辭掉執政官。西元前四三九年，他又為了人民更大的福祉而復出，事後再度

JIM ROGERS
羅傑斯語錄

世界上成功的國家不對儲蓄和投資課稅，
他們鼓勵公民儲蓄投資，他們針對消費課稅。

放棄權力，使他的名字變成跟公民道德一樣的同義字。華盛頓拒絕擔任兩任以上的美國總統時，也表現出同樣的精神。

我們當然不能指望每一個人都展現這麼傑出的領導能力，同時又沒有個人野心，「廢人」自然會有，但是美國現在已經有很多廢人了，有五百三十五個廢人加上另一個廢人。

不錯，情勢可能變化，但是在我這輩子裡不會變化，在你們這輩子、在我們子女這輩子裡不會變化，除非美國以某種方式爆發債務違約問題。大不列顛、羅馬、埃及、中國，加上西半球的傑出文明都曾經盛極一時，除了中國之外，卻沒有一個國家從衰微和崩潰中東山再起，再度變為重要的文明。美國可能擁有一些其他國家所沒有的優勢，最後會觸底，然後在三、四百年內重新崛起，恢復往日榮光。

簡單的夢想

一九六四年我會愛上華爾街，原因是我懷抱熱情，渴望知道世界到底發生了什麼大事。如果我這輩子再也不能從事另一次投資，我仍然願意一天二十四小時追逐這種熱情。我就是這樣的人。我還是小孩時，沉迷於其他熱情中，我可以告訴你美國職棒聯盟和國家職棒聯盟中每一個球員的每一件事情。但是現在我已經不這樣做了，我現在舉不出美國職棒聯盟或美國職業籃球協會任何一位球員的名字，但是我可以告訴你很多跟北韓與緬甸有關的事情。我總是注意世界大事，我的天線總是升的高高的，這樣是把時間花在我的事業呢？或者只是追求我簡單的夢想呢？

三十五年前，我會整天坐著閱讀年報、研究產業雜誌、評估財務報表、吸收很多公司的所有複雜數字。不這樣做時，我會去拜訪公司，現在很少這樣做了，我繼續注意世界大事，而且抱著強烈的興趣。沒錯，我繼續發掘事實與數字，但是今天這樣做比較容易，因為可以從網際網路上得到所需的東西。我現在也比較有經驗了，因此做決定時也變得比較容易。

現在投資人可以擁有指數股票型基金（ETF），這種基金出現才二十年，世界各地有很多這種投資工具。如果我認定新興市場已經陷入泡沫，我不必想出放空新興市場的方法，不必判斷應該放空哪些公司、哪些股票。現在我可以放空由多個新興市場組成的新興市場ETF，如果我希望放空印度，我可以放空印度ETF，如果我希望放空歐洲，我可以放空歐洲ETF。我不必坐下來，深入研究幾百家公司的年報，評估他們的經營階層。

另外還有很多類股化的ETF，你可以放空石油公司類股ETF，或是買進石油公司類股ETF。我的確還會盡最大的力量研究ETF的成份股，我也知道，如果我仍然願意發掘幾百檔股票，可以挑出最適於放空的六檔股票，但是現在我只要打電話放空ETF就夠了。我不是說這樣子比較好，只是說這樣做容易多了，而且我變得比較懶散了。

從某些角度來說，ETF雖然使事情變得比較簡單，卻也為樂於尋找、研究不列在ETF和指數中的上市公司的人，提供大好良機。世界上有幾千、幾萬家公司因為沒有包含在ETF和指數中，幾乎沒有人追蹤。野心勃勃的分析師幾乎可以在沒有競爭的情況下研究這種股票，獲得豐碩的斬獲。

我現在希望把所有閒暇時間都用在妻子和女兒身上，我希望什麼事都不做，只希望跟兩個女兒在一起。除了樂樂、小蜜蜂和佩姬，我不希望跟別人共進晚餐，不希望跟別人一起做其他事。

我一輩子都相信培根（Francis Bacon）爵士的智慧名言：「有妻子兒女的人不聰明的承擔責任，以至於難以自由行動；因為他們會出於美德或出於惡作劇，妨礙你做大事。」我總是為有孩子的朋友難過，我從來都不希望有小孩，我認為撫養小孩極為浪費時間、金錢和精力。我根本無法想像自己會做這種事，或許因為我是五兄弟的老大，成長時必須幫助弟弟，因此認為小孩是極為沉重的負擔。

我錯的多離譜啊。

事實上，要是有人看到這些話卻沒有這樣做，我勸你開始這樣做，如果有必要，休假一天，不，不要休一天假，現在景氣很不好，你可以利用午餐時間回家吃午飯。從我的大女兒出生以後，我一直這樣告訴大家。為了避免你認為我光說不練，佩姬和我還有另一個建議。

一週七天、一天二十四小孩，樂樂和小蜜蜂都是我的至高喜樂，我永遠不會覺得滿足。我現在了解我過去根本不了解的一整代人，也就是家父、家母那一代。我生平第一次了解家父、家母，我發現自己過去從來沒有體驗過的情感，現在我喜極而泣的次數實在太多了。過去我很少為什麼事情掉淚，但是現在光是看著小蜜蜂從走廊上跑過來，就會讓我熱淚盈眶，她們太有趣了，她們做的事情太奇妙了，一天結束時，我經常會回想，才發現自己陪女兒三小時或四、五個小時。最後我可能跟她們一起去參加生日宴會，我總是陪她們去參加生日宴會，我知道將來有一天，我會變成不受歡迎的人。

JIM ROGERS 羅傑斯語錄
我現在希望把所有閒暇時間都用在妻子和女兒身上，
我希望什麼事都不做，只希望跟兩個女兒在一起。

我和女兒一起做的事情是，如果我三十二歲就有小孩的話絕對不會做的事情。當時我每天都把所有時間放在投資和準備環遊世界，我現在投資在兩個小女兒身上，希望她們變得聰明善感，我變成了把智慧傳給柏拉圖的蘇格拉底，我努力確保兩個女兒可以獨立自主，而不是設法賺更多錢留給她們。如果我把現有的財產增加兩倍或四倍，當然很好，但是這樣可能把她們的人生搞砸，把她們變成沒有用的人。

我有一些在牛津與劍橋大學划船賽時跟我競爭的朋友，對他們來說，划船賽就是人生的一切，後來他們沒有多少成就，我上長春籐大學的很多朋友也是這樣，有些人當然有幸繼承了財產，這點表示，除了暢談划船賽和高談闊論之外，他們從此再也不必做什麼事了。他們一輩子沒有做過多少工作，有些有工作的人也不很成功。

美國政府有一百一十五個機構負責監督、管理美國經濟的各個部門，在這些機構裡工作的人員當中，有很多是長春籐大學的畢業生，卻沒有一個人預測到二〇〇七到〇八年間發生的慘劇；在受監督的產業中服務的人，很多受過高等教育的人也沒有預測到。因此我不知道把女兒送去念耶魯或牛津大學，對她們來說是不是好事。這樣對我是好事，因為上這兩所名校把我從阿拉巴馬州拉拔出來，讓我知道不同的世界，給了我一些信心。或許我會替她們尋找規模比較小、可能設在亞洲的大學，在這種大學裡，權利意識沒有這麼普遍，也很少有人會在二十二歲時走到人生的高峰。要是她們真的想上大學，我就這麼辦（佩姬主張送她們去念最好的學校，「好讓她們不會遺憾或找藉口。」）

我時時刻刻都告訴兩個女兒，說我們沒有很多錢，她們三歲、四歲、六歲時，這樣做大致上行得通，但是她們看過朋友住的地方，也看過我們住的地方，在學校裡，每個人都告訴她們，說她們很富有，現在要告訴樂樂我們並不富有，已經愈來愈難。我們一到機場，她立刻問：「貴賓室在那裡？」她指的是頭等艙貴賓室。她會說：「噢，或許我們偶爾可以坐在機尾，而不是坐在飛機的前面。」她已經開始了解，我們抵達目的地時，她會問誰會來接我們；我習慣由邀請我演說的人來接機，也經常會碰到來採訪的記者。她的期望很高，使我更難以讓她準備好自己工作賺錢。

努力奮鬥、自力更生勝過一切。一旦你有了錢，當然不希望這樣做，我不希望我女兒以後像我過去那樣犧牲，但我必須留給她們物質財富以外的東西。如果我能夠把她們變成聰明活潑、教養良好、知識淵博、志向遠大、持之以恆的人，我可以失去一切都沒有關係。我所做的投資會超越她們的生命，這種投資組合的價值會遠超過我可能遺留給她們的金錢；我會讓她們做好準備，讓她們在我沒有錢可以留給她們的情況下也可以自力更生，而且這樣會好多了。不管她們繼承什麼東西，都可能在五年或五十年內失去，但是如果我留給她們正確的態度，誰會在乎呢？

如果我什麼東西都沒有留給她們，**我希望留給女兒作夢的勇氣，留給她們追求心中熱情的勇氣，即使碰上失敗也勇於嘗試**。我希望她們了解，唯一真正的失敗是不去嘗試，唯一不對的問題是沒有問出口的問題。如果我是成功的父親，她們到了我的年紀，無怨無悔的回顧自己的一生時，她們的故事看起來會像出自亞瑟王式傳奇小說的故事，像是激發冒險精神的探索，像是走過千山萬水，驚醒每一座高山惡龍的冒險歷程，背後的動力是無可動搖的堅定信念：金錢只是長矛，不是聖杯。

BIG叢書0237

投資大師羅傑斯，人生、投資養成的第一堂課：探索成功．永不足夠

作　者—吉姆．羅傑斯（Jim Rogers）
譯　者—劉道捷
編　輯—張啟淵
美術設計—張瑜卿
行銷企劃—楊齡媛
董事長—趙政岷
出版者—時報文化出版企業股份有限公司
108019台北市和平西路三段二四〇號四樓
發行專線—（〇二）二三〇六—六八四二
讀者服務專線—〇八〇〇—二三一—七〇五
（〇二）二三〇四—七一〇三
讀者服務傳真—（〇二）二三〇四—六八五八
郵撥—一九三四四七二四時報文化出版公司
信箱—10899台北華江橋郵局第九十九信箱
時報悅讀網—http://www.readingtimes.com.tw
電子郵箱—liter@readingtimes.com.tw
法律顧問—理律法律事務所　陳長文律師、李念祖律師
印　刷—紘億彩色印刷有限公司
初版一刷—二〇一三年五月三日
初版九刷—二〇二一年十一月二十四日
定　價—新台幣三二〇元
（缺頁或破損的書，請寄回更換）

時報文化出版公司成立於一九七五年，
並於一九九九年股票上櫃公開發行，於二〇〇八年脫離中時集團非屬旺中，
以「尊重智慧與創意的文化事業」為信念。

投資大師羅傑斯，人生、投資養成的第一堂課：探索成功．永不足夠／
吉姆．羅傑斯（Jim Rogers）著；劉道捷譯. -- 初版. -- 臺北市：時
報文化, 2013.05
面；　公分. --（BIG叢書；237）
譯自：Street smarts
ISBN 978-957-13-5758-4（平裝）

1.投資　2.投資分析　3.投資組合

563.5　　102006957

Street Smarts: adventures on the road and in the markets
Copyright © 2013 by Hilton Augusta Parker Rogers Trust and the Beeland Anderson Parker Rogers Trust
This translation published by arrangement with Crown Business, an imprint of the Crown Business Group, a division of Random House, Inc.
Complex Chinese translation © 2013 by CHINA TIMES PUBLISHING COMPANY
All rights reserved.

ISBN 978-957-13-5758-4
Printed in Taiwan